할 수 있을 때 하지 않으면
하고 싶을 때 하지 못한다

할 수 있을 때
하지 않으면

하고 싶을 때
하지 못한다

· 글토닥 (이기광) 지음 ·

새벽
세시

내가 삶에 최선을 다할 때,
삶 또한 나에게 최선을 다할 것이다

극심한 무대 공포증과 타이밍에 맞지 않는 멘트, 개인기 부족 등으로 7년이라는 긴 시간 동안 무명 시절을 보낸 방송인이 있다. 그는 잘나가는 동기들과는 달리 홀로 슬럼프를 겪었고, 자신만 일이 안 풀린다고 원망하고 자책하기 일쑤였다.

최소한의 생계조차 유지하기 어려워 방송 생활을 포기할까 고민했다는 그는 바로, 데뷔한 지 30년이 지났지만 여전히 정상에서 활동하고 있는 대한민국의 최고 MC 유재석이다. '가장 영향력 있는 방송인'을 뽑는 전문가 조사와 일반인 조사에서 모두 1위를 독차지했을 뿐만 아니라 '유재석처

럼 나이 들고 싶다'는 얘기까지 들을 정도로 수많은 사람들
의 롤모델인 그의 성공 비결은 도대체 무엇일까?

 그것은 '하기 싫은 일을 꾸준히 했다'는 것이다. 그는 한
프로그램에 나와 "두 개를 모두 가질 순 없다. 내가 좋아하
는 무언가를 포기해야 할 때도 있다"라고 말했다. 시간이
지날수록 체력적, 정신적으로 힘들어지기에 무엇이든 미리
준비하지 않으면 안 된다고 한 것이다. 촬영할 때 달리는 게
힘들었다며 "이유는 단순하다. 담배가 아무리 좋더라도 건
강을 위해 끊는 것이다"라고 금연의 이유를 밝히기도 했다.

그는 몸 관리를 철저하게 하는 것으로도 유명하다. 마르고 빈약하던 그는 프로그램을 진행하려면 체력이 중요하단 것을 깨닫고 매일 두 시간씩 꾸준히 운동했다고 한다. 그 결과, 체력이 월등히 좋아졌고 외적으로도 굉장한 보기 좋은 몸매를 지니게 되었다.

또한 풍부한 지식과 끊임없는 입담을 위해 출근할 때 항상 책을 읽고 세상의 소식에 관심을 가졌다고 한다. 그 덕에 그는 어떤 분야에서든 빛나는 지식을 뽐내며 누굴 만나도 대화를 수월하게 이끌어갈 수 있게 되었다.

그는 말했다. "운동이든 공부든 하기 싫은 일을 한다고 해서 무조건 잘 된다고 보장할 수는 없지만, 그래도 할 수 있을 때 하지 않으면 성공의 가능성이 아예 사라진다"고. 또, "그렇게 하지 않으면 정말 하고 싶을 때 하지 못하는 일이 생긴다"고.

여기서 중요한 건 그가 마냥 재밌어서 즐기다 보니 잘됐다는 게 아니라, 하기 싫어도 해야 할 것을 그냥 했더니 성공했다는 것이다.

그도 보통 사람들처럼 하기 싫은 건 마찬가지였다. 누군가 그에게 죽기 전 딱 하루가 주어진다면 무엇을 할 것인지 물었더니, "담배 한 개비를 피우겠다"고 답했다고 한다. 독해 보이는 그 또한 나중을 위해 많이 참고 견디고 있음을 알 수 있는 말이었다.

대부분의 우리는 생계유지를 위해 하루에 8시간 이상을 일에 투자한다. 그러나 운동 같은 건강 관리나 독서, 강연 듣기, 글쓰기 등의 자기계발에는 소홀하다. 당장 눈앞에 성과가 나타나지 않으며, 나중에 좋은 결과가 온다고 보장되는 것도 아니기 때문이다.

그러나 할 수 있을 때 해야 한다. 시간이 흐르는 건 '강제적'이지만 성장하는 건 '선택적'이기 때문이다. 배우고 대비해두지 않으면 내일 일을 작년이나 재작년처럼 해낼 수 없고 시간이 갈수록 체력은 떨어지고 만다.

하기 싫은 감정이 크게 올라올 때도 있을 것이다. 강철같이 단단하게 보이는 유재석도 마찬가지였다. 그러나 그는 어떻게든 해냈고, 그 덕에 지금의 자리에 오를 수 있었다. 할 수 있을 때 싫어도 하는 사람과 싫다고 하지 않는 사람의 차이는 이렇게 엄청난 결과로 나타나게 마련이다.

수많은 고전 속 위대한 성인들도 같은 말을 했다. 그들이 밝힌 인생의 가장 중요한 깨달음을 요약하면 바로 이것이다. **"할 수 있을 때 하지 않으면 하고 싶을 때 하지 못한다."**

그들의 말처럼, 인생에는 꼭 해야 하는 일과 하고 싶은 일 사이에 균형을 맞추는 일이 필요하다. 그래야 나중에 크게 후회할 일을 막을 수 있기 때문이다.

이 책을 읽으면 당신은 당신에게 정말로 중요한 것은 무엇이며, 그것에 시간을 할애할 방법은 무엇인지 알게 될 것이다. 처음에는 그저 뻔한 이야기라고 생각했던 것들이 사실은 정말 인생에 필요한 것들임을 깨닫게 될 것이다. 너무나 중요해서 너무도 익숙해질 만큼 자주 반복되고 강조되어 왔다는 사실 또한 알아차리게 될 것이다. 그렇게 이 책과 함께 당신은 변해갈 것이다.

인생은 왕복 티켓을 발행하지 않는다. 당신은 딱 한 번만 살 수 있다. 어차피 같은 시간을 보낸다면 최선의 것을 세상에 주자. 그러면 인생도 최선의 것을 당신에게 돌려줄 것이다.

차례

제1장

가지고 있는 최선의 것을 세상에 줘라

제2장
도전하지 않는 것이 가장 위험하다

가지고 있는 최선의 것을
세상에 줘라

쉽게 얻은 건 쉽게 사라진다

'인생 역전', '로또 당첨', '인생 한 방'.

별다른 노력 없이 엄청난 행운을 만나서 그 뒤로 쭉 잘 먹고 잘산다는 해피엔딩. 누구나 한 번쯤은 꿈꿔보는 이야기이다. 그러나 많은 사람들이 간과하는 부분이 있다. 쉽게 얻은 건 쉽게 사라진다는 것이다. 쉽게 온 행운이 가져온 행복을 유지하는 일은 '쉽지' 않다. 심지어 너무나 크게 왔다가 갑자기 사라진 탓에 원래보다 더 불행해지기도 한다.

쉽게 온 건 쉽게 간다

쉽게 온 건 왜 쉽게 사라질까? 그 원인은 인간의 '무의식'에 있다. 우리는 쉽게 얻은 것을 무의식적으로 하찮게 여긴다. 어떤 대상을 얻기 위해 고통을 거의 겪지 않거나 노력을 별로 쏟지 않으면, 그 대상의 가치를 크게 매기지 않는다. 얻기 어렵고 희소한 물건일수록 그 가치가 높게 책정되는 '희소성의 원리'가 반대로 적용되는 것이다.

길을 걷다 홍보용 물티슈를 받은 적이 있을 것이다. 그 물티슈를 집에 가지고 가서 고이고이 간직하진 않았을 것이다. 공짜로 받은 물건이라서 어디에 두었는지 잊어버리기도 하고, 싸구려일 거라는 생각에 마른 휴지를 써도 괜찮은 상황에서 그 물티슈를 꺼내 써버렸을지도 모른다. 물티슈뿐만이 아니다. 월급 외의 보너스나 명절날 받은 세뱃돈 등 갑자기 돈이 생겼던 기억을 떠올려보자. 어디에 썼는지 기억도 나지 않을 것이다.

이는 물티슈나 보너스로 받은 돈의 가치가 작아서가 아니다. 가치가 그보다 수천 배 크다고 할지라도 마찬가지다. 통계에 따르면, 로또 당첨으로 큰 상금을 받은 사람 중 상당수가 몇 년 지나지 않아 파산했다고 한다. 수십억 원의 가치가 있는 걸 얻더라도 쉽게 생긴 건 쉽게 사라진다는 것이다.

어렵게 얻으면 어렵게 쓴다

어떤 대상을 어렵게 얻었다면 우리는 쉽게 쓰거나 쉽게 버리지 못한다. 예를 들어, 자신이 직접 땀 흘려서 번 돈은 절대로 쉽게 쓸 수 없다. 그 돈을 쓸 때, 우리에게는 일하면서 들인 자신의 노력과 땀이 떠오른다. 이는 '노력 정당화'라는 마음의 법칙과 연관이 깊다.

노력 정당화란 어떤 대상을 얻기 위해 많은 고통을 겪거나 힘을 쏟게 되면, 그 대상의 가치를 원래보다 더 크게 여기게 되는 심리다. 일종의 인지부조화로, 자신의 행동과 생각을 서로 일치시키려는 태도다. 힘들게 고생해서 무언가를 얻어냈는데 그게 만약 하찮고 별것 아니라면 자신의 노력을 이성적으로 설명할 길이 없다. 따라서 그 대상에 중요한 가치를 부여하여 자신의 행동을 설명하는 것이다. 그래서 우리는 그것의 실제 가치와는 상관없이 어렵게 얻은 것은 쉽게 잃지 않으려고 노력한다.

이는 물건이나 돈뿐만 아니라 모든 영역에 적용된다. 쉽게 만난 사람은 쉽게 헤어진다. 그 사람의 본래 가치에 따라서 그렇게 되는 게 아니라, 가볍게 만났기 때문에 그 사람의 가치가 상대적으로 가볍게 매겨지는 것이다. 반대로, 역경을 헤치고 어렵게 성사된 사랑은 쉽게 끊어지지 않는다. 노력한 만큼 커다란 사랑이라고 생각하게 되고 귀하게 여기려고 하기 때문이다.

어려운 길을 선택하라

쉽게 찾아온 행운의 가치를 당신은 알아채지 못할 것이다. 결국 쉽게 사라지도록 내버려 둘 것이다. 돈이든, 사람이든, 명예든 말이다. 그러니 인생에 행운이 쉽게 찾아오지 않는다고 실망하지 말자. 원하는 보물이 있다면, 그것을 인생의 목표로 삼고 매일 노력하자. 땀을 흘리고 열심히 노력해서 얻어내자. 그런 만큼 그것의 가치는 올라갈 것이고, 그로 인해 성취하게 됐을 때의 기쁨은 배가 될 것이다.

또한, 운이 좋아서 쉽게 얻은 게 아니라 당신의 노력으로 어렵게 얻은 것은 잃어버리더라도 언제든 또 가질 수 있다. 그것을 얻기 위해 끝없이 노력하고 수많은 시행착오를 겪으면서 방법을 익혀 놓았기 때문이다.

노력은 인생의 태도가 된다

노력이 가져오는 가치는 이에 그치지 않는다. 노력하는 태도는 곧 인생에 대한 태도가 된다. 한 분야에 성실한 태도를 보이면 다른 분야에도 성실한 태도를 보이게 된다. 마음에는 항상성이 있기 때문이다. 그렇게 노력하는 마음은 일상의 마음가짐이 된다.

게다가 한 분야에서 숙련도를 높이면 다른 분야에서 훨씬 더 쉽게 숙련도를 높일 수 있게 된다. 그 범위가 점점 넓어지면서 노력은 인생 전반에 좋은 영향을 미친다.

어렵게 얻은 것의 결과가 바로 나타나지 않거나 당장은 그 결과가 크게 보이지 않을지라도 그것은 빙산의 일각이다. 그 안에는 훨씬 더 빛나는 보물들이 감춰져 있다. 쉽게 얻는 것을 부러워하거나 바랄 필요가 없는 이유다.

인생은 항복 아니면 반격

인류가 사바나에 살던 시절, 야생에는 언제나 위험이 도사리고 있었다. 갑자기 숲에서 맹수가 뛰쳐나오면 인류는 선택해야 했다. 급격하게 신체 에너지를 끌어내어 맞서 싸우는 '투쟁' 반응을 보일지 혹은 죽을힘을 다해 도망치는 '도피' 반응을 보일지.

이를 통해 인류는 수많은 위험 상황에서 살아남아 왔기 때문에 '투쟁-도피 반응'은 오랜 시간에 걸쳐 축적된 진화의 산물이 되었다. 그래서 맹수를 만날 일이 거의 없는 현대에도, 인간은 긴박한 위협 앞에 놓이면 자동으로 '투쟁'이나 '도피' 반응을 보인다.

도망치지 않고 맞서야 한다

현대 사회에서 행복해지고 싶다면, '투쟁'을 더 자주 선택해야 한다. 싸우고 부딪치고 넘어져야 한다는 것이다. 삶이 주는 시련과 정면으로 맞서 싸울 때 우리는 진정한 행복을 쟁취할 수 있다.

회피하면 반드시 불행해진다는 뜻은 아니다. 절대 이겨내지 못할 아주 커다란 난관에 부딪혔을 때는 오히려 도망가는 것이 나을 수도 있다. 그렇지 않으면 '호랑이'와 같은 치명적인 위험과 마주할 수 있기 때문이다.

다만 요즘 시대에는 생명에 직접적으로 위해가 갈 만한 위험요소가 거의 없다. 그런데도 우리는 상황을 너무 크게 생각하여 그다지 위험하지 않은 과제 앞에서도 원시인처럼 지레 겁먹고 도망치기 일쑤다.

토끼 앞에서 도망치지 마라

점점 더 많은 사람들이 '토끼'를 '호랑이'라고 착각하며 도망치고 있으며, 그 범주 또한 넓어지고 있다. 현대의 청년 세대를 대표하는 단어를 살펴보면 이러한 경향을 잘 파악할 수 있다. 이들의 대표 단어는 '포기'다. 연애와 결혼, 아이 갖기를 포기한 '3포 세대'를 넘어 여기에 대인관계, 내집 마련을 포기한 '5포 세대', 여기에 더해 경력과 취미 등을 포기한 'N포 세대'라는 말까지 등장했다.

태생적으로 주어진 경제적 배경이 어느 정도 영향을 주는 '내 집 마련' 정도야 그럴 수도 있겠지만 연애와 결혼, 인간관계, 경력, 취미까지 다 포기해야 할까?

나는 그렇지 않다고 본다. 이런 것이 토끼가 호랑이 취급을 받을 때 일어나는 전형적인 현상이다. 인간관계에서 상처받는 것이 두려워서 관계에서 도망치거나, 직장에서 부정적인 평가를 받지 않기 위해 아예 취업을 포기하는 것 등이 그런 것들이다.

거절당해도 죽지 않고, 나쁜 피드백을 들어도 죽지 않는다. 맞서 싸우면 이겨내고 쟁취할 수 있는 것들을 소극적으로 피하기만 하는 건 바람직하지 않다.

마주할 위험을 가능한 한 줄이되 끊임없이 부딪치고 도전해 보자. 자주 실패해도 괜찮다. 그 과정에서 잃는 것보다는 얻는 것이 더 많다. 계속 넘어지면, 계속 일어나면 된다. 그러다 보면 생각보다 당신이 더 대단한 존재라는 걸 알게 될지도 모른다. 그러지 않고 시작도 하기 전에 포기하면, 정말로 아무것도 할 수 없게 된다.

자신을 믿기 위해 부딪치자

스트레스를 받는다고 관계나 일에서 도망치면 행복할까?
잠시는 행복할지도 모르겠다. 다만 그 이후에 밀려오는

할 수 있을 때 하지 않으면 하고 싶을 때 하지 못한다

자기 혐오, 나태함, 게으름, 스스로에 대한 실망감은 막을 길이 없다. 하던 일을 중간에 포기하면 자존감이 떨어지기 마련이다. 포기하는 행위가 '자기 효능감'을 떨어트리는 탓이다.

자기 효능감이란 자신이 어떤 상황에서 성공할 수 있다는 가능성을 인식하는 것이다. 무언가를 해낼 수 있다는 자기 효능감은 자존감과도 연결된다. 따라서 하던 일을 포기하고 도망치면 자기 효능감이 떨어지고, 이는 자신감의 저하로 연결되며 결국 낮은 자존감을 형성하게 된다. 낮은 자존감은 삶의 동력을 잃게 만든다. 포기가 습관이 되면 어떤 일을 마주하든 미리 겁먹게 되고 무기력에 빠지게 된다. 자기 앞에 놓인 일과 시련을 두고 도망치면 결코 낙원에 도착할 수 없는 것이다.

스스로를 믿지 못하게 되면 수많은 기회들도 뻥뻥 차 버리게 된다. 인생에 몇 번밖에 오지 않을 황금 같은 기회들을 놓치고 마는 것이다. 그래서 우리는 스트레스를 받더라도 앞으로 꾸역꾸역 나아가야 한다. 자신을 믿기 위해서라도,

도망치지 말고 앞으로 걸어가야 한다.

인생을 뒤집거나 인생에 뒤엎어지거나

불행은 피하고 싶어도 피할 수 없을 때가 많다. 미래를 정확하게 예측하는 건 거의 불가능한 일이다. 그래서 우리는 미래를 예측하며 불행에서 '도피'하려고 할 게 아니라, 어깨를 펴고 두려움에 맞서며 앞으로 나아가며 '투쟁'해야 한다.

당신도 나도 할 수 있다. 미리 겁먹고 포기하지 말자. 필요하다면 싸우고 부딪치자. 주먹을 불끈 쥐고 일어나 세상을 향해 걸어보자. 어차피 당신 앞에 나타난 동물은 토끼일 뿐이다. 그 토끼와 싸운다고 죽지 않는다.

삶은 선택과 집중의 싸움이다

삶에 존재하는 모든 것에는 뉴턴의 제3법칙이 적용된다. "모든 '작용'에 대해 크기는 같고 방향은 반대인 '반작용'이 존재한다"는 '작용-반작용의 법칙'이다.

만약 당신에게 물건이 잔뜩 있다면 그만큼 물건을 놓아둘 당신의 공간은 줄어든다. 복잡한 생각들로 머릿속을 가득 채워놓았다면 그로 인해 여유를 즐길 기회는 줄어든다. 인생 전체로 생각해 보면, 삶에서 필요하지 않은 것들을 잔뜩

하게 되면 그만큼 꼭 필요한 것들을 하거나 인생을 즐길 시간이 사라지게 되는 것이다.

소중한 인생을 낭비하지 않으려면 우리는 나쁜 반작용을 일으키는 불필요한 것들을 제거해야 한다. 불필요한 것들이 무엇인지에 대한 견해는 사람마다 다를 수 있지만, 불필요한 것들이 생기는 원인은 크게 두 가지로 압축된다.

선택지가 많으면 불행해진다

인생에서 불필요한 것들이 생기는 첫 번째 원인은 '지나치게 많은 선택지' 때문이다. 흔히 선택지가 많으면 좋다고 생각한다. 그러나 너무 많은 선택지가 주어지면 선택지가 적게 있을 때보다 더 나쁜 선택을 하게 되기 쉽다. 심지어 아예 선택하지 않게 될 수도 있고, 설령 선택했다고 하더라도 결과에 불만을 가질 가능성이 커진다.

이유는 단순하다. 선택지가 많다는 말은 그만큼 포기해야 할 선택지가 많다는 말이기 때문이다. 여러 가지를 고려

할 수 있을 때 하지 않으면 하고 싶을 때 하지 못한다

하는 일은 쉽지 않기에 오히려 나쁜 선택을 하게 될 수도 있고, 무엇이 더 좋은지 결론을 내리지 못해 결국 선택을 포기하게 될 수 있다. 선택지가 많으니 그만큼 더 좋은 것을 선택할 거라는 잘못된 기대를 하게 되어 실망감이 커지기도 한다.

선택지가 많을 때 생기는 '결정 피로' 또한 우리를 불행하게 만드는 원인 중 하나다. 뇌과학에 따르면, 무언가를 결정할 때 뇌의 신경 세포는 활성화된다. 여기에는 많은 에너지가 쓰이기에 무언가를 선택할 때마다 우리는 크고 작은 피로감을 느낀다.

그래서 페이스북, 인스타그램 등을 개발하고 운영하는 메타의 CEO 마크 저커버그는 자신의 옷장에 회색 반소매 티셔츠 9벌과 회색 후드티 6벌만 넣어두었고, 미국의 대통령이었던 버락 오바마는 대통령 재임 시절에 회색이나 남색 정장만 고수했던 것이다. 애플의 CEO였던 스티브 잡스의 옷장 속에 같은 디자인의 검정 목폴라와 청바지만 수십 벌이 있었던 것 또한 우연의 일치가 아니다. 사소한 결정을 할 때 드는 에너지는 스트레스가 될 뿐만 아니라 다음에 내리는 결정에도 악영향을 주기 때문에 그들은 선택의 가짓수를 최대한 줄여 결정 피로를 낮추려고 했다.

우리는 하루에도 수백 번씩 선택하며 살아간다. 매 순간 선택의 갈림길에 서서 기대와 실망을 반복하고, 피로감까지 느낀다면 불행할 수밖에 없다. 행복해지려면 삶에서 불필요한 선택지를 최대한 줄여가야 한다.

행복은 단 한 가지만 바라는 것

인생에서 불필요한 것들이 생겨나는 두 번째 원인은, 진실로 원하는 것 딱 한 가지에 집중하지 않고 동시에 여러 가지 욕구를 충족시키려 하기 때문이다. 세상은 말한다. 더 많이 갖고, 더 많이 경험하고, 더 많이 알고, 최대한 모든 것을 누리라고. 그러면 행복해질 거라고. 그러나 우리는 무언가를 더 가지고, 더 경험하고, 더 알수록 더 많은 것들을 원하고 추구하게 된다. 욕망은 원하면 원할수록 더 커지고, 더 커진 욕망은 원하는 것이 충족되는 즉시 새로운 충족거리를 찾게 만든다.

행복은 만족할 때만 느낄 수 있다. 계속 무언가를 추구만 하다 보면, 무엇을 얻고 무엇을 경험하더라도 결코 행복해질 수 없다. 게다가 원하는 것을 이뤘을 때의 성취감은 점점 익숙해져서 더 자극적이거나 더욱 큰 것을 추구할 때만 맛볼 수 있게 된다. 끝없는 쳇바퀴에 갇히고 마는 것이다.

효율의 측면에서도 한 가지만 바라는 것이 좋다. 딱 하나만 선택하면 다른 옵션들이 사라진다. 그러면 선택한 것에만 집중할 수 있다. 그러나 여러 가지를 동시에 선택하면 에너지가 분산될 수밖에 없다. 전체적으로 성과가 떨어지고 만다. 그렇게, 모든 것을 바라면 결국 이것도 아니고 저것도 아닌 삶을 발견하게 될 것이다. 가치 있는 것만 선별하여 아름답게 진열해둔 게 아니라 온갖 잡동사니들을 마구잡이로 올려둔 장식대처럼 말이다.

덴마크 시인 피트 헤인은 말했다. "우리는 정말 원하는 것 하나에 마음을 써야 한다"고. 삶에 너무 많은 것들이 끼어 들면 그에 대한 반작용으로 꼭 필요한 것을 하지 못하는 법 이다. 이리저리 휩쓸려 다니다가 생의 끝을 맞이하면 너무 허무하지 않겠는가. 선택하고 집중하도록 하자. 그럴 때 행 복은 우리 앞에 모습을 드러낼 것이다.

당신이 먹을 독을 선택하라

피터팬은 영원히 자라지 않는 소년이다. 동화 속에 사는 그는 아이의 모습을 하고 있으며 무엇이든 될 수 있어 보인다. 그래서 늘 반짝반짝 빛이 나는 것만 같다.

반면 그와 대비되는 존재는 후크 선장이다. 후크 선장은 나이 들었다. 소년에서 어른이 됐다. 그는 뱃속에 시계가 들어 있는 악어에게 늘 쫓기고 있는데, 그 악어는 이미 후크 선장의 손을 삼켜버렸다.

악어에게 손을 먹힌 트라우마로 인해 성격이 포악해지고 팔에 갈고리를 달게 된 후크 선장을 보고 피터팬은 생각한다.

'나는 결코 저렇게 나이 들지 않겠어.'

그래서 피터팬은 존재하지 않는 나라인 '네버랜드'에서 영원히 어른이 되지 않는 아이들의 대장이 된다. 현실에 있는 웬디라는 여인과의 사랑을 포기한 채 팅커벨이라는 요정에게 대리만족하며 환상 속에서 살아간다.

현실을 직면해야 한다

당신은 피터팬과 후크 선장 중 누구처럼 살고 싶은가? 아마 피터팬처럼 살고 싶다고 대답하는 사람이 많을 것이다. 그러나 현실의 우리 모두는 후크 선장처럼 뱃속에 '시계'가 들어 있는 악어에게 쫓기는 삶을 살아갈 수밖에 없다.

누구도 결코 피터팬처럼 영원히 어린아이의 모습으로 살수 없으며 필연적으로 시간에 잡아먹히고 말기 때문이다. 반드시 후크 선장처럼 나이를 먹고, 자신의 일부를 희생하며, 고통을 견뎌야 한다. 하지만 어떤 사람들은 자신을 피터 팬이라고 착각하며 현실을 외면한다. 무엇이든 될 수 있다는 어린아이의 상상력에 파묻혀서 고통을 회피한다. 그들은 성숙해지는 걸 미루며 당장의 아픔을 피한다.

누구도 희생을 피할 수는 없다

아무리 찬란한 환상에 빠져 있더라도 사람은 유한한 존재다. 시간의 흐름을 피해갈 수 없다. 현실에서 도망치려는 사람도 결국 진실을 마주할 수밖에 없다. 바로, 누구도 영원히 아이일 수는 없고, 잠재력만 믿고 아무것도 하지 않는다면 손에 쥘 수 있는 것이 전혀 없다는 사실이다.

도망친 그들에게 남은 건, 이뤄놓은 것 없이 시간만 흐른 현실뿐이다. 늙은 아기가 되어 버리는 것이다. 그제야 엄청난 고통이 느껴진다. 당장의 고통은 피했지만, 결국 한꺼번에 고통을 앓게 된다.

희생을 선택하라

미국에서 가장 인기 있는 심리학 교수 조던 피터슨은 말한다. "당신이 먹을 독을 선택하라"고. 여기서 독이란 '현실에서 내가 해결해야 할 일'이다. 독을 먹어야 한다는 사실은 바꿀 수 없으니 더 나은 독을 선택하라는 것이다.

동화 같은 환상 속에서 꿈꾸는 아이로 살다 한꺼번에 독약을 먹을 것인지, 현실이라는 벽에 부딪혀서 괴로워하며 매일 독약을 조금씩 삼키며 희생을 감내하는 어른이 될 것인지 우리는 선택해야만 한다.

물론, 나중에 독을 한꺼번에 들이붓기보다는 매일 조금씩 독을 먹는 게 훨씬 견뎌내기 쉽다. 그러니 스스로가 후크 선장임을 빨리 받아들이자. 동화가 아닌 현실 속에 사는 우리는 결코 시간에 따르는 희생을 피할 수 없음을 인정하고, 젊음이라는 잠재력을 희생하여 성숙해지도록 하자.

마이너스를 플러스로 바꾸는 법

"인간은 누구나 열등감을 느끼며, 이를 보상하고 노력하는 과정에서 한 개인의 생활양식이 만들어진다. 만일 보상될 수 없거나 과도하게 보상된 열등감이 있으면 인격이 왜곡될 수 있으니 이를 바로 잡을 필요가 있다."

세계적인 심리학자이자 개인 심리학의 창시자 알프레드 아들러의 말이다. 여기서 포인트는 두 가지다. 하나는 '인간은 누구나 열등감을 느낀다'는 말이고, '열등감이 잘못 발현

될 경우 고쳐야 한다'는 것이다.

열등 콤플렉스는 고쳐야 한다

아들러에 따르면 열등감은 자연스러운 감정이다. 그런데 어떤 경우에 우리는 열등감을 고쳐야 할까? 열등감이 '열등 콤플렉스'로 발현됐을 때다. 열등 콤플렉스란 열등감이 아주 심해진 상태이다. 열등 콤플렉스에 빠진 사람은 자신의 콤플렉스와 트라우마를 핑계로 아무것도 하지 않는 무기력한 상태가 된다.

예를 들어, 인간관계에서 상처받은 사람이 있다고 해 보자. 만약 이 사람이 다시는 상처 받지 않겠다며 일절 인간관계를 끊고 집에 틀어박힌다면? 그의 삶은 축소되고 퇴보될 것이다. 인간관계에 대한 열등감이 삶에 부정적인 영향을 끼치는 열등 콤플렉스로 발현된 전형적인 경우다. 이런 경우에는 열등감을 고쳐야 한다.

열등감이 우월성 추구가 될 때

고치지 않아도 될 열등감은 무엇일까? 성장의 원동력이 되는 열등감이 바로 그것이다. 열등감은 자신의 부정적인 측면이 드러났을 때 느껴지는 감정이다. 이때 열등감 때문에 숨어버리는 게 아니라, 자신의 부정적인 측면을 인정하고 받아들이면 오히려 성장하게 된다.

자신의 단점을 온전하게 받아들이면 그것을 고치려고 노력하게 된다. 잘못된 원인이 자신에게 있다고 인정하게 되고, 단점을 고치기 위해서는 자신이 스스로 변해야 한다는 것을 깨닫게 되기 때문이다.

그럴 때 우리는 콤플렉스나 트라우마를 핑계 대며 무기력해지는 게 아니라 현재에 집중하게 되고 어제보다 나은 삶을 추구하게 된다. '우월성'을 추구하는 태도가 발현되는 것이다. 이러한 열등감은 변화의 원동력이 된다.

열등감을 변화의 재료로 써라

삶을 퇴보시키는 열등 콤플렉스가 아닌, 우월성 추구라는 방향으로 발현되어 삶을 성장시키는 열등감은 우리에게 가야 할 방향을 알려주는 내비게이션 같은 역할을 해 준다. 자책을 멈추고 마음속 내비게이션을 따라 달려가다 보면 언젠가 자신이 진짜 원하고 꿈꾸던 목표를 달성하게 될 것이다.

누구나 겪는 감정인 열등감이 열등 콤플렉스가 되어 당신을 망치게 두지 마라. 변화의 시발점이 되게 하라. 자신을 믿고 앞으로 나아가다 보면 분명 의미 있는 결과들이 하나씩 나타날 것이다.

인생의 구원자는 오직 당신뿐이다

산다는 건 고통을 감내하며 성장해나가는 과정이다. 고통은 당연한 것이며 삶의 일부다. 그런데 만약 삶이 지나치게 고통스럽다고 느껴진다면 생각해 봐야 할 것이 있다. 진정 당신을 고통스럽게 하는 것이 '외부 환경' 그 자체인지 이를 받아들이는 당신의 '태도'인지.

고통은 주관적이다

견디기 힘든 고통은 대부분 환경이 아닌 '태도'에서 온다. 목숨이 위협받는 상황이 아니라면 어떤 외부 환경도 당신을 고통스럽게 만들 수 없다. 신체적 장애나 심각한 질병도 그렇다. 심한 장애를 갖고 있거나 큰 병이 있는 사람이 사지가 멀쩡하고 건강한 사람보다 더 행복하게 사는 모습을 우리는 종종 목격한다.

현재 무슨 일을 하고 있는지도 큰 상관이 없다. 사람들은 흔히 육체노동이 체력적으로 힘들고 고되기에, 그 삶이 고통스러울 것이라 생각한다. 그러나 이들 중에는 앉아서 일하는 것보다 몸을 써서 일하는 게 지루하지 않아서 좋다고 하는 사람도 있고, 시간을 내서 따로 운동하지 않아도 되어서 좋다는 사람도 있으며, 일감이 있는 것만으로 감사하다는 사람도 있다. 노동의 종류와 무관하게 이와 같은 현상은 어디서든 나타난다. 즉, 환경이 아니라 환경에 대한 태도가 모든 것을 바꾼다는 말이다.

할 수 있을 때 하지 않으면 하고 싶을 때 하지 못한다

만약 환경이 고통을 가져다준다면 특정 조건에 놓인 사람들은 모두 불행했을 것이다. 그러나 진실은 그렇지 않다. 환경이 아니라 태도에 따라 삶에서 마주하게 되는 고통에 대한 자세가 달라지고, 이로 인해 행복과 불행이 결정된다.

따라서 당신의 인생을 구원해 줄 존재는 당신의 환경을 바꿔줄 그 누군가나 그 무엇이 아니라, 당신의 태도다. 다시 말해, 당신의 인생을 구원해 줄 존재는 오직 당신밖에 없으며, 당신의 태도를 바꾸는 것이 모든 불행을 물리치는 방법이라는 것이다.

고통을 줄여주는 두 가지 태도

환경을 받아들이는 태도에 따라 고통의 총량은 변한다. 우리는 지금까지와는 다른 태도를 선택함으로써 쓸데없는 고통을 줄이고 앞으로 나아갈 수 있다.

먼저, 어떤 상황에서든 긍정적인 부분에 집중하는 태도를 지녀보자. 이는 감사하는 습관으로도 연결되는데, 일상에서 감사함을 많이 느끼면 느낄수록 고통이 줄어든다. 감사하는 마음이 인내심을 키워주기 때문이다. 감사는 고통에 대한 최고의 약이다.

인생의 고통을 줄여주는 또 한 가지 태도가 있다. '배려'다. 배려는 타인의 고통을 줄여주려고 마음을 쓰는 것이다. 그렇게 하면 자신의 고통 또한 줄어들게 된다. 사람은 남을 대접하는 대로 남에게 대접받기 때문이다.

같은 원리로, 타인의 고통은 외면하고 자신의 이득만 취하려는 이기적인 태도로 살면 고통스러운 삶을 경험하게 된다. 타인에게 손해를 입힌 사람은 반드시 그 대가를 치르기 때문이다. 고통스러운 삶을 살고 싶다면 관계를 망치고 상처를 주고 남에게 막대한 피해를 주면 된다.

인생의 구원자는 결국 자신이다

지금 처한 상황을 수용하고 긍정적으로 바라보는 태도를 길러 자신의 고통부터 줄여가야 한다. 이에 따라, 감사의 힘을 믿고 실천하며, 더 나아가 자신이 좋다고 생각하는 가치를 타인과 공유하고 나눔으로써 사회에 공헌하고 타인의 고통을 줄여나가야 한다.

이런 행위들은 결국 자신에게 어떤 형식으로든 이롭게 돌아온다. 그리고 결국에는 자신의 인생을 구원하게 된다. 그래서 우리의 인생은 우리의 손에 달린 것이지 결코 타인의 손에 달렸다고 할 수 없다.

문제는 위험을 감수할 때만 생긴다

문제는 언제나 발생한다. 부딪힌 문제를 해결하고 그다음에 마주친 문제를 해결한다고 하더라도 인생의 장애물은 끊임없이 나타난다. 게다가 해결한 문제보다 더 커다란 문제들이 닥쳐오는 것만 같다. 도저히 해결할 수 없을 것 같아 때로는 막막하기도 하다. 도대체 왜 문제는 거듭해서 발생하며, 그 뒤에는 더 큰 문제들이 나타나는 걸까?

문제는 언제나 그곳에 있었다

문제가 계속해서 발생하는 이유는 당신이 문제를 만들어서가 아니다. 사실, 문제는 언제나 그곳에 있었다. 다만 당신이 성장하면서 눈을 떴고 가슴을 폈기에 새로운 문제들이 보이는 것뿐이다.

경험이 쌓이고 의식 수준이 높아지면 기존에 보이지 않았던 새로운 문제들이 보이게 된다. 높아진 기준에 맞춰서 문제가 보이기에, 당신의 눈에 보이는 건 전보다 더 어려운 문제들일 수밖에 없다. 즉, 문제들이 거듭해서 발생하는 게 아니라 문제들은 원래 있어 왔고, 점점 더 어려운 문제들이 나타나는 이유는 당신의 수준이 그 문제들의 수준에 맞게 올라가서라는 것이다.

처음에는 눈앞의 문제가 어렵게 느껴질 수도 있다. 그래서 주저하고 돌아가기를 택할 수도 있다. 그러나 막상 문제에 도전해 보면 그렇게까지 버겁게 느껴지지는 않을 것이다. 오직 감당할 수 있는 시련만 우리에게 다가오기 때문이다. 위험을 감수하려고 마음먹는 순간, 그리고 우리에게 그 문제를 해결할 만한 능력이 있을 때만, 문제는 우리의 눈에 보이게 된다.

그때는 어려웠고 지금은 쉽다

과거에는 무척 어려웠는데 지금은 수월하게 하고 있는 일이 있지 않은가? 누구나 경험해 봤을 것이다. 처음에는 서툴고 어리바리하게 굴었지만, 점점 익숙해져서 콧노래까지 부르며 문제를 해결했던 경험들. 시간이 지나면 처음의 시련은 더 이상 문제가 되지 않는다. 버겁고 어려운 시련을 해결해나가는 과정에서 당신은 훨씬 단단해졌기 때문이다. 그렇기에, 문제는 여전히 발생하고 있지만 커다란 문제로 인식되지 않는다. 당신은 마치 숨 쉬는 것처럼 자연스럽게 그 문제들을 처리하게 된다.

이후에도 커다란 문제라고 인식되는 새로운 위험들이 계속해서 당신의 앞에 등장할 것이다. 익숙하지 않은 상황과

할 수 있을 때 하지 않으면 하고 싶을 때 하지 못한다

위기를 만날 것이다. 그러나 당신은 이전에 작은 문제들을 끊임없이 해결해 왔고, 그로 인해 전보다 능력이 훨씬 좋아졌기에 조금씩 해결하며 앞으로 나가게 된다. 결국에는 새로운 문제들 또한 그렇게 해결하게 될 것이다.

누구나 한 문제쯤은 풀 수 있다

근육은 세포가 파괴된 후, 상처가 아물면서 세포가 다시 재생되는 과정에서 굵어진다. 그렇게 점진적 과부하와 거듭되는 파괴를 통해 근육은 성장한다. 우리의 성장 또한 마찬가지다. 어려운 문제들을 해결하다 보면 과부하가 걸리고, 때로는 일어날 힘조차 나지 않을 것이다. 완전히 쓰러져버릴 때도 있을 것이다. 하지만 그곳에 주저앉으면 안 된다. 포기하지 말고 장애물을 뚫고 나아가야 한다. 넘어지고, 견뎌내고, 뚫어내는 그 시간을 통해 우리는 비로소 성장하기 때문이다.

어깨를 펴고 눈을 부릅뜨라. 문제를 똑바로 마주하자. 거창한 문제부터 해결하려고 할 필요는 없다. 하루에 아주 작은 문제 하나만 해결하려고 해 보자. 그마저도 하기 버겁다면 문제를 더 작게 쪼개어 오늘 하루, 내일 하루 최선을 다하여 보자. 해결하고자 하는 의지를 불태운다면 문제는 언젠가 해결된다. 혹여나 해결되지 않는다고 해도 그간의 노력으로 인해 전과는 상황이 완전히 달라져 있을 것이니, 걱정하지 않아도 괜찮다.

할 수 있을 때 하지 않으면 하고 싶을 때 하지 못한다

혼자 있는 시간은 빛나는 시간이다

존재의 외로움은 필연이다. 삶의 무수한 과정에서 많은 사람과 함께하더라도, 결국 모든 사람은 홀로 태어나서 홀로 죽기 때문이다. 이러한 실존의 고독함에서 오는 지독한 외로움은 종종 영혼을 파괴한다. 망망대해에 혼자 떠 있는 듯한 느낌은 시리도록 공허하게 느껴진다.

존재의 외로움을 잊고자 타인과의 관계에 지나치게 몰두하는 사람들도 있다. 잠시 안심은 되겠지만, 이내 불안감이 그들을 덮치고 만다. 타인에 의해 만들어졌기에 타인에 의해 언제든 깨어질 수 있는 반쪽짜리 평화인 까닭이다.

여기에서 내가 주목하고 싶은 건 외로움의 나쁜 측면이 아니다. 외로움에는 그림자도 있지만 '빛'도 존재한다. 우리의 선택에 따라 외로움은 충분히 좋게 쓰일 수 있다. 외로움을 결코 피할 수 없다면 우리는 이것을 이롭게 써야만 한다.

외로움은 홀로서기를 알려준다

우리는 오롯하게 혼자 있을 시간이 적다. 가족, 연인, 친구 등 타인과의 관계에서 즐거움을 찾느라 많은 시간을 보내기 때문이다. 그런데 자의든 타의든 관계가 단절되거나 외부 상황으로 인해 외로움이 생기면, 우리는 자신만을 위한 시간을 낼 수 있게 된다.

이때 '홀로서기'를 배울 수 있다. 외로움 덕분에 삶을 살아가는 데 있어 꼭 필요한 자세를 배우게 되는 것이다.

홀로서기가 중요한 이유

홀로서지 못하고 타인에게 의지해서 살면 관계에 지나치게 의존하게 된다. 그러면 상대에게 지나치게 기대하게 되고, 기대가 너무 높아지면 아무리 친밀해져도 쉽게 만족하지 못한다.

그러다 "나는 너한테 잘하는데 너는 왜 나한테 잘해 주지 않아?" 하며 불평하게 되고, 관계에 금이 가기 시작한다. 관계를 위해 최선을 다한 행위가 결국 관계를 최악으로 만드는 것이다.

결국 홀로서지 못하는 사람은 관계를 파멸시킨다. 외로움이라는 두려움을 관계를 통해 극복하려다 더욱 지독한 외로움에 빠지게 된다. 설령 관계가 끊어지지 않더라도 타인과의 관계에 지나치게 의지하게 되면, 바람이 불 때마다 흔들리는 갈대처럼 살게 된다. 관계 자체가 수시로 바뀌는 감정으로 얽혀 있는 탓이다.

홀로서는 두 가지 방법

관계를 중시하는 건 인간의 본능이다. 누구나 태어나는 동시에 양육자와 관계를 맺게 되는데, 이 관계를 통해 생존과 관련된 많은 불안을 극복해 나간다. 그래서 인간은 혼자가 되면 두려워지고, 타인과의 관계를 통해 이를 떨쳐내려는 유혹을 느낀다.

그러나 어떤 자연재해가 와도 묵묵히 버텨내는 단단한 나무처럼 살기 위해서는 남이 아닌 '자신'이라는 나무로써 깊이 뿌리를 내리고 우뚝 설 줄 알아야 한다. 본능적으로 남에게 의존하게 될지라도 홀로 설 수 있는 독립성을 길러야 한다는 것이다.

홀로서기 위해서는 첫 번째로, 스스로에 대한 믿음을 키워야 한다. 자기 신뢰가 두터운 사람들은 어떤 것에도 쉽게 흔들리지 않는다. 자기 신뢰를 기르기 위해서는 성공과 성취의 경험을 꾸준하게 쌓는 게 중요하다. 이때, 처음부터 큰 목표가 아니라 '작은' 목표를 설정하는 것이 좋다. 지나치게

할 수 있을 때 하지 않으면 하고 싶을 때 하지 못한다

큰 목표는 성공 경험보다는 실패 경험을 주어 오히려 자기 효능감을 떨어트릴 수 있다.

작은 목표를 세워 꾸준히 성공을 경험하다 보면 '나도 할 수 있구나' 하는 생각이 무의식에 심어지고 힘과 용기가 생긴다. 다음에 더 큰 목표에 도전할 수 있게 되고 이는 놀라운 선순환을 만들어낸다. 이러한 과정에서 자기 신뢰는 차츰 두터워진다.

두 번째는 혼자만의 시간을 즐길 줄 알아야 한다는 것이다. 혼자 있는 시간을 즐기지 못하면 결국 남에게 의지하게 된다. 그러니 다른 사람이 없어도 혼자서 일상을 풍요롭게 만들 줄 알아야 한다.

활동의 종류는 상관이 없다. 운동, 요리, 그림 등 자신이 좋아하는 활동이라면 무엇이든 좋다. 자신만의 시간을 풍요롭게 만들고 그 안에서 행복을 누릴 줄 알게 되면 홀로서는 힘이 길러진다. 그러면 타인에게 지나치게 의지하려는 마음이 저절로 줄어든다.

외로움은 빛나는 기회다

외로움은 관계를 통해서 해결될 수 없다. 임시방편일 뿐, 외로움 때문에 만든 관계는 결국 더 큰 외로움을 불러온다.

존재의 특성인 외로움을 없애는 건 불가능하기에 우리에게는 외로움을 당연하게 받아들이는 자세가 필요하다. 그런 뒤에 외로움의 '좋은 면'을 활용해 보는 것이다. 나를 위한 시간을 만들어내고 이를 성장의 기회로 삼아본다. 사실, 혼자 있는 시간이야말로 나를 만나고 빛낼 수 있는 온전한 시간이다.

할 수 있을 때 하지 않으면 하고 싶을 때 하지 못한다

시선을 내게로 돌려야 한다

"이제는 사람을 믿지 않을 거예요."

"원래 저는 혼자가 편해요."

"저는 사랑 따윈 하지 않을 거예요."

이 말들을 자주 한다면, 굉장히 외로운 것이다. 혼자가 편한 사람은 외로운 감정을 모른다. 외롭지 않아서 사람을 만날 필요가 없는데 굳이 입 밖으로 사람을 만나지 않겠다고 선언할 이유가 없다. 그래서 '혼자가 좋다'고 말하는 사람들은 외로움을 타지 않는 게 아니라, 사람에게 반복적으로 상처를 받다가 혼자 있기를 택한 경우가 많다.

호의는 권리가 아니다

어떤 사람들이 인간관계에서 자주 상처받을까? '내가 남에게 잘해 주면 남도 나에게 잘해 줄 거야'라고 착각하는 사람들이다. 그들은 상대에게 친절을 베풀고 나서 그 친절이 돌아오기를 기대한다. 자신에게도 친절하게 대해달라고 직접 요구하기도 한다. 그러나 많은 경우, 그들은 돌아오지 않는 호의에 상처받는다.

이건 상대의 잘못이 아니다. 상대에게는 그들에게 잘해 줄 의무가 없다. 호의를 건네는 건 주는 사람의 마음이고, 그 마음을 돌려주는 건 순전히 호의를 받는 사람의 손에 달렸다. 좋아하는 마음도 마찬가지다. 누군가를 좋아한다고 해서 그 대상도 상대를 좋아해 주어야 하는 건 아니다.

즉, 인간관계는 혼자의 마음이 아닌, 타인의 마음과 함께

할 수 있을 때 하지 않으면 하고 싶을 때 하지 못한다

결정되기 때문에 자신이 일방적으로 사랑을 준 다음 그만큼 받으려고 애쓰는 순간 지옥이 펼쳐진다.

완벽한 관계는 없다

관계에서 쉽게 상처받는 또 한 가지 이유는 '완벽한' 인간 관계를 꿈꾸기 때문이다. 모두에게 잘 보이려고 부단히 애쓰고 있지 않은가? 모두에게 사랑과 인정을 받고 싶은 욕심이 과하지 않은가?

그것은 도저히 달성할 수 없는 이상향이다. 아무리 예쁘고 잘생긴 연예인에게도 안티팬이 있다. 엄청난 명예와 지위를 가진 사람도 마찬가지다. 막대한 재산을 지닌 사람도 그렇다. 어떤 매력이나 능력을 갖추고 있더라도 미움받는 것을 피할 길은 없다. 인간은 그런 존재다.

게다가 누군가가 당신을 좋아해 줄 확률은 굉장히 낮다. 일본의 한 심리학자에 따르면, 모든 인간관계에는 '7:2:1의 법칙'이 적용된다고 한다. 10명 중 7명은 당신에게 관심이 없고, 2명은 당신을 싫어하며, 1명은 당신을 좋아한다는 것이다. 그만큼 누군가가 당신을 좋아하게 될 확률은 낮다. 결국 모든 사람이 당신을 좋아하길 바라는 건 환상이다.

완벽한 인간관계는 없다. 모든 사람이 좋아해 주는 사람은 존재하지 않는다. 당신은 누군가에게 완벽한 사람이 되어줄 수 없고, 타인 또한 마찬가지다. 심지어 완벽한 사람이라고 해도 모두가 그 사람을 좋아하는 건 아니다. 불가능한 이상향을 꿈꾸고 있다면 당장 눈을 떠야 한다. 이 사실을 받아들이면 관계에서 오는 스트레스를 크게 줄일 수 있다.

외부가 아니라 내부를 보라

인간관계에서 자꾸 상처받는 당신이 알아야 할 마지막 한 가지다. 남이 아닌 자신을 돌아봐야 한다. 스스로한테 이렇게 질문하자.

첫째, '나에게 잘해 주지 않으면서 남에게만 잘해 주려고 하지 않았는가?' 내가 아닌 타인만 우선으로 생각하지 않았는지 돌아보자. 나를 먼저 소중히 아낄 줄 알아야 타인도 진정 소중하게 대할 수 있다. 자신을 사랑하지 않는 사람은 타인을 있는 그대로 사랑할 수 없기 때문이다. 상대를 통해 자신의 결핍된 부분을 채우려고 할 뿐이다. 결국에는 상대를 바꾸면서까지 자신의 욕구를 채우려고 들게 된다.

이런 관계는 오래 지속될 수 없다. 그러니 자신을 사랑하지 않고 소중히 여기지 않는다면, 남에게 친절하려고 애쓰기보다 먼저 자신을 사랑해 주어야 한다.

둘째, '나는 지금 어떤 감정을 느끼고 있고 어떤 마음이 드는가?' 자신의 마음을 제대로 살펴야 하는 이유는 우리가 우리의 마음에 관해 쉽게 착각하기 때문이다. 우리는 자신도 모르게 자기 욕망을 타인에게 투사한다. 부모가 자신이 못다 이룬 꿈을 아이에게 강요하듯이 말이다.

투사는 상대의 감정이나 생각을 왜곡시킨다. 결국 의사소통이 불가능해지고 오해만 생기게 된다. 투사를 피하기 위해서는 자신의 마음을 정확히 알고 나서 상대를 바라봐야 한다. 그래야 상대가 있는 그대로 보이고, 그제야 상대와 나의 관계가 제대로 맺어질 수 있다.

셋째, '내가 원하는 것은 무엇인가?' 왜 저 사람이 좋은지, 왜 친해지고 싶은지 살펴봐야 한다. 상대가 먼저 내게 다가왔기 때문에, 혹은 많은 사람들이 좋아하는 사람이니까 등의 이유는 당신의 욕구가 아니다. 자기 자신에게 물어라. 그러면 자신의 진짜 욕망을 알게 되고 그 관계를 진정 원하는지도 알게 될 것이다.

건강하고 행복한 관계를 맺고 싶다면, 사람에 대한 지나친 기대를 버리고 자신의 욕망에 솔직해져야 한다. 타인에게 관심을 갖기 전에 자신에 대한 이해가 끝나야 한다. 본인이 무엇을 좋아하고 무엇을 싫어하는지를 알면 관계를 더 풍요롭게 꾸려나갈 수 있다. 관계의 매듭은 자기 내면을 살펴야 풀리기 시작한다.

할 수 있을 때 하지 않으면 하고 싶을 때 하지 못한다

빠른 아이를 보지 말라

다른 아이들보다 유독 늦게 걷기 시작하고 말도 더디게 하는 아이들이 있다. 그들의 부모는 자신의 아이가 다른 아이보다 뒤처진다고 생각해 스트레스를 받고 안절부절못한다. 그런데 정말 '느린' 아이는 문제일까?

전혀 그렇지 않다. 최근 연구에 따르면, 아이마다 걷기와 말하기를 시작하거나 능숙하게 해내는 시기는 천차만별이라고 한다. 시기를 평균 내기 어려울 정도로 다양하다는 것이다.

따라서 느리다고 '뒤처진다'고 생각하면 안 된다. 어차피 어른이 되면 누구나 걷고 누구나 말한다. 그저 능력이 발현되는 시기와 발달 속도가 다를 뿐이다. 이는 걷기나 말하기 외의 수많은 영역에도 적용되는데 이를 모르면 평생 타인과의 비교에서 벗어나기 어려워진다.

승리의 비결은 성실함이다

속도가 중요하지 않다면 무엇이 중요할까? 바로, '꾸준함'이다. 누구도 꾸준하게 노력하는 사람을 이기지 못한다. 무언가를 처음 시작할 때를 생각해 보자. 개인마다 습득하는 속도는 제각각이다. 그러나 일정한 시간이 흐르면, 다들 비슷한 수준이 된다. 보통 사람들의 능력치는 대개 비슷비슷한 까닭이다.

여기서 시간이 훨씬 더 지나면, 결국에는 끈질기게 버틴 사람이 가장 잘하게 된다. 즉, 잘하는 사람이라는 타이틀은

할 수 있을 때 하지 않으면 하고 싶을 때 하지 못한다

타고난 사람이 아니라 끝까지 버틴 사람이 거머쥐게 된다.

현재 위치보다 가는 방향이 중요하다

능력은 비슷하고 시간은 모두에게 똑같이 주어지기에, 속도보다 꾸준함이 더 중요하다. 그런데 꾸준함보다 중요한 것이 있다. '방향'이다.

아무리 꾸준히 한다고 해도 방향이 잘못되어 있으면 소용이 없다. 예를 들어, 빠르지 않더라도 꾸준히 성실하게 달려서 목적지에 도달했다고 해 보자. 그런데 목적지가 자신이 원한 곳이 아니었다면? 공허할 것이다. 시간 낭비했다고 생각할지도 모른다. 이런 경우에는 꾸준함이 오히려 나쁜 결과를 가져올 수도 있다. 그렇다면 어느 쪽으로 가야 우리는 만족할 수 있을까?

나만의 길을 걸어야 한다

그저 '남들이 다 하니까', '남들이 해야 한다고 하니까' 하며 타인의 평가를 신경 쓰느라 원하지도 않는 길을 따라 달려가면 불행해진다. 가는 길도 즐겁지 않고, 도착해서도 허무함만 느끼게 된다. 그래서 우리는 자신만의 길을 선택하고, 그 방향으로 가야 한다. 그래야 행복해진다.

나만의 길을 간다는 건, 자신이 진정 원하는 것을 따라서 사는 삶을 말한다. 가슴 뛰는 일을 찾기 위해 갑자기 하던 일을 전부 때려치우고 여행을 떠나라는 말이 아니다. 오히려 그렇게 떠나서 도착한 곳에서는 진짜 원하는 것을 찾지 못할 가능성이 크다. 자신이 진짜 원하는 것은 어디를 간다고 해서 찾을 수 있는 게 아니기 때문이다. 돈을 준다고 해서 살 수 있는 것도 아니며 특정한 형체가 있지도 않다. 자신이 진정 원하는 것이란, 자기가 살아가는 삶의 '의미'를 충족시켜 주는 것을 말한다.

의미를 스스로 찾아야 한다

삶의 의미에 대한 답은 외부에 있지 않다. 오직 자신의 내면에 있다. 그 의미는 고정되어 있지 않기에, 매 순간순간 자신의 마음을 살피고 자기 삶의 의미를 정의하며 스스로 선택해나가야 한다.

그래서 빨리 가는 건 하나도 중요하지 않다. 자신이 어디를 향해 가고 있고, 그게 정말 자신이 원하는 길인지가 중요할 뿐이다. 자기만의 속도로, 자신만의 길을 걸어갈 때 우리는 소중한 인생을 헛되이 보내지 않을 수 있다.

한쪽 문이 닫히면 다른 쪽 문이 열린다

가난한 환경, 다소 작은 체구, 소심한 성격 등 나 자신에게 마음에 들지 않는 부분들이 있었다. 이것들은 깊은 콤플렉스가 되었고, 나는 이를 감추기 위해 엄청나게 노력했다.

결과는 처참했다. 못난 모습을 필사적으로 숨기고 부인했지만 스스로가 열등하고 부족하게 느껴졌다. 그렇게 자기비하에 빠져 고통스러워하던 어느 날, 우연히 한 블로그 이웃의 글을 읽게 됐다.

그 글에는 유난히 눈에 띄는 단어가 있었다. '유복한 가정 환경', 그리고 '대담한 성격'. 그 단어들을 보자마자 심장이 뛰었다. 감정이 빠르게 요동치면서 오르락내리락했다. 엄청난 질투심이 들었다. 격렬한 감정에 눈을 질끈 감았다.

그런데 믿을 수 없는 마법 같은 일이 벌어졌다. 마음이 평화로워지고 안정되었던 것이다. 평소와 다른 건 단 한 가지였다. 내가 부족하다는 사실을 외면한 게 아니라 '인정'했다는 것. 나의 결핍과 그로 인한 질투심을 받아들이자 오히려 부정적인 생각들이 사라지고 마음이 가라앉았다.

인정하면 다른 문이 열린다

"나는 하나도 부족하지 않아", "나는 멋진 사람이야"라고 자기 긍정의 말을 되뇌는 행동은 자칫하면 자기기만이 된다. 스스로 그 말들이 납득되지 않을 때다. 그러면 긍정적으로 변하기는커녕 더 깊은 늪에 빠지게 된다. 과거에 내가 아무리 자기 긍정의 말을 해도 열등감이 작아지지 않았던 이유였다.

반면, 격렬한 감정이 가라앉았던 날은 억지 긍정이 아닌 완전한 자기 수용을 한 날이었다. 부족한 나를 있는 그대로 받아들이고 내가 스스로를 열등하게 느낀다고 인정하니, 비로소 다른 것들이 보이기 시작했다.

바꿀 수 있는 것과 바꿀 수 없는 것

나와 내 감정을 인정하자 질투의 원인이 보였다. 나의 강렬한 질투는 '내가 아무리 노력해도 바꿀 수 없는 것을 상대는 가지고 있다'라는 생각에서 시작된 것이었다. 그러자 궁금해졌다. '내가 질투하는 것들이 정말 내가 바꿀 수 없는 것인가?' 그래서 하나하나 살펴보기로 했다.

'가난한 환경'은 바꾸기 어려운 부분이었다. 이미 내가 태어날 때부터 주어진 조건이었기 때문이다. 그러나 앞으로의 환경은 내가 충분히 개척해갈 수 있었다. 어느 정도 한계는 존재하지만 생각보다 선택지가 다양했다. 선택지 중에는 꽤

나 흡족스러운 길도 있었다. '몸'과 '성격' 또한 마찬가지였다. 타고난 조건은 있었지만, 지나친 이상을 버리면 내가 만족할 수준까지는 노력해서 바꿀 수 있었다.

나 자신을 온전하게 수용하니, 나의 한계를 제대로 마주하게 됐고, 그 안에서 내가 바꿀 수 없는 것들과 바꿀 수 있는 것들이 명확하게 보이기 시작했다. 자연스럽게 지금 상황에서 내가 할 수 있는 것을 해야겠다는 생각이 들었다. 부정적인 생각 대신 내가 할 행동에 초점이 맞춰지니, 마음이 고요해졌다.

질투는 거울이다

나의 부족함과 질투심을 인정하니, 또 하나의 사실이 보였다. '내가 질투하던 것이 곧 내가 정말 바라던 것'이라는 사실이었다.

우리는 모든 것에 질투를 느끼지는 않는다. 질투의 대상은 매우 구체적이다. 특정한 환경이나 물건, 혹은 외모나 성격 등이다. 그런데 잘 살펴보면, 높은 지위를 중요하게 생각하는 사람은 자신보다 높은 지위에 오른 사람에게 질투를 느끼고, 많은 돈을 중시하는 사람은 자기보다 돈이 많은 사람에게 질투를 느낀다. 즉, 질투의 대상은 자신이 중요하게 생각해서 간절하게 원하는 것과 큰 연관이 있었다. 나는 내가 질투하는 것들을 통해, 내가 절실하게 바라고 있던 것들이 무엇인지 알게 됐다.

질투의 대상을 통해 알게 된 것은 한 가지 더 있었다. 바로, 나의 능력이었다. 질투는 경쟁이 가능한 위치에 있는 상대에게만 느낄 수 있는 감정이었기 때문이다.

사람은 자신과 엄청난 격차가 나는 상대에게 질투를 느끼지 않는다. 예를 들어, 우리는 세계적인 부자 빌 게이츠의 재산과 자신의 재산을 비교하지 않는다. 바로 옆의 동료나 이웃과 비교한다. 최고의 미모를 가진 연예인의 외모를 자신의 외모와 비교하지도 않는다. 같은 모임에서 만나는 사람들이나 비슷한 친구들과 비교한다. 따라서 당신이 누군가를 질투한다면, 당신에게는 질투하는 상대의 능력 일부가 갖춰져 있다고 말할 수 있다. 고대 그리스의 현인 헤시오도스는 "거지는 거지를 질투하고, 가수를 질투하는 사람은 가수다"라고 말하기도 했다.

그래서 질투심이 드러나면 우리는 자신에 대해 많은 것을 알게 된다. 자기가 어떤 것을 중요하게 생각하는지, 그리고 어떤 능력이 있는지 말이다.

질투는 힘이다

질투는 '추동력'도 되어준다. 세기의 가수 마돈나는 바브라 스트라이샌드라는 가수를 보며 늘 열등감과 질투심에 사로잡혔다고 말했다. 마돈나는 그를 따라잡기 위해 끝없이 노력한 끝에 전설이라는 칭호를 얻게 됐다. 이 밖에도 농구계의 영원한 1인자 마이클 조던과 그를 이기기 위해 처절하게 노력한 스카티 피펜, 음악의 역사를 바꾼 모차르트와 그를 질투해서 자신의 실력을 끝없이 연마한 살리에리 등 뛰어난 상대에게 자극받아 스스로를 성장시킨 이야기는 넘치고 넘친다.

질투가 긍정적인 동기 부여가 된 경우는 수도 없이 많다. 이때의 질투는 성장의 원동력이 되며, 자신의 능력이 질투한 상대와 비슷해지거나 그 대상을 능가하게 되면 저절로 사라진다.

질투는 기회다

열등감과 그로 인한 질투는 독처럼 보인다. 그러나 그것은 자신의 진짜 모습을 부정하고 숨기려 할 때만이다. 우리는 질투로 인해, 자신이 진짜 원하는 것이 무엇인지 그리고 그것을 위해서 지금 무엇을 해야 하는지 알 수 있다. 질투가 인생의 길을 찾도록 도와주는 지도와 나침판이 되어주는 것이다. 게다가 열심히 앞으로 나아가게 하는 원동력까지 되니, 질투는 기회다.

비교하고 경쟁하는 동물인 인간으로 태어난 이상, 열등감과 질투에서 자유로울 수는 없다. 그러니 그런 감정이 느껴진다고 해서 좌절할 필요 없다. 그로 인해 행복의 한쪽 문이 닫혔다면 이내 곧 다른 쪽 문이 열릴 것이므로.

태생적인 한계는 인정하고 지금 자신이 할 수 있는 것을 하나씩 해나가자. 그럴 때 열등감과 질투는 스스로를 비춰주는 거울이자 앞으로 나가게 하는 에너지원이 되어, 우리를 폭발적으로 성장시켜줄 것이다.

당신은 언제나 상처보다 크다

인간관계에서 생기는 문제들을 항상 내 탓으로 돌려왔다. 하지만 사람의 심리에 관해 배우고 나서는, 모든 게 내 잘못만은 아니었음을 깨달았다. 우리는 서로 다를 수밖에 없고, 그것을 언제나 이해할 수 있는 건 아니라는 사실을 알게 되었기 때문이다.

우리는 모두 서로의 한계다

내가 재밌다고 생각하는 이야기가 상대방에게는 지루할 수 있다. 내게는 무례하다고 느껴지는 행동이 상대에게는 무례하지 않다고 느껴질 수도 있다. 그렇게 각자의 의도와 반응이 다른 탓에 너무나 많은 오해와 갈등이 생겨난다. 그래서 때로는 '정말 나와 어울릴 수 있는 사람이 존재하기는 하는 건가…' 하는 생각이 들기도 한다. 도대체 우리는 왜 이토록 다를까?

타고난 기질이 다르기 때문이다. 게다가 양육자도 다르고, 그 양육자의 성격과 한 개인에게 주어진 성장 배경도 천차만별이다. 살아가는 환경, 살면서 겪는 사건들도 제각각이다. 여기에 따라서 각자의 기준이 다르게 설정되고, 그 기준에 따라 느끼게 되는 감정도 달라진다.

결국, 이런 점에서 우리는 모두 한계를 가진다. 상대의 처지를 완벽하게 헤아릴 수 없다는 것이다. 자기 입장에 설 수밖에 없는 우리는, 그저 대화를 통해 상대의 세계를 조금씩이나마 엿보는 게 전부다.

당신은 언제나 당신의 상처보다 크다

각자의 한계로 인해 우리는 서로 크든 작든 상처를 주면서 살아갈 수밖에 없다. 여기에서 자유로운 사람은 세상에 존재하지 않는다.

상처받았다고 유별나게 굴 필요가 없는 이유다. 관계가 시작되고 끝날 때까지 완벽하게 서로의 마음을 맞추며 살아가는 사람들은 없으며, 누군가에게 상처받았다고 아파하는 당신도 누군가에게는 상처를 반드시 주었을 테니까.

그리고 잊지 말자. 어떤 상처를 받든 당신은 그 상처보다 크다는 것을 말이다. 그래서 우리는 늘 괜찮다.

서로를 이해하는 유일한 방법

우리가 관계를 지속하기 위해 할 수 있는 것은 타인의 행동에는 그 나름의 이유가 있다고 생각하는 것뿐이다.

이유 없이 행동하는 사람은 아무도 없다. 설령 그 이유를 우리도 모르고 그들 자신도 모른다고 할지라도 반드시 그의

할 수 있을 때 하지 않으면 하고 싶을 때 하지 못한다

행동에는 원인이 있다.

우리의 행동 또한 마찬가지다. 그렇게 각자의 한계를 인지한 채로 소통하려고 노력하다 보면, 서로의 우주를 한층 더 잘 이해하게 될 것이다.

위대한 것은 작은 것에서 시작된다

삶을 사랑할 수 없었다. 항상 내 머릿속에는 부정적인 아이가 자리 잡고 있었다. 이 지긋지긋하게 끈질긴 아이는 힘든 일이 닥칠 때마다 내게 속삭였다.

"네가 하는 일은 아무런 의미도 없을 거야."

내면에서 쉴 새 없이 떠드는 부정적인 아이에게 나는 무력했다. 부정적인 느낌이 솟구칠 때마다 힘들었던 과거가 떠올랐고, 불안한 미래가 나를 짓눌렀다. 나는 두 손 두 발다 들고 항복할 수밖에 없었다.

애써 그 아이를 외면하고 긍정적인 글을 써 내려갔다. 그러나 몸이 아플 때면, 부정적 아이는 이때다 싶어 온종일 나를 괴롭혔다. '나는 할 수 있다'라는 메시지를 써 내려간 글에 내면의 아이는 이렇게 말했다.

"진짜 그렇게 생각해? 너는 불행하잖아."

고통에서 벗어나 행복해지는 법

왜 이렇게 삶이 고통스러운지 궁금했다. 고통에서 벗어나고 행복해지기 위해 많은 책을 읽기 시작했다. 책은 나를 지켜주는 친구가 되었다. 외롭고, 초라하고, 가난한 아이였던 나는 책 안에서 행복했다. 하지만 그때뿐이었다. 책에서 받은 위안은 오래가지 못했다. 불안정하고 차가운 현실이 두 팔 벌려 나를 기다리고 있었다. 지독했던 현실은 내면의 부정적인 아이를 더욱더 어둡게 만들었다.

그렇지만 포기하고 싶지 않았다. 그럴수록 내가 할 수 있는 방법을 찾아 헤맸다. 오기가 생기기도 했다. 누가 이기나 해 보고 싶었다.

딱 10%만 더 행복해지자

더 많은 책을 읽으며 수많은 목소리를 들었다. 그들이 말하는 방법을 따라 하면 내 인생은 더 나아질 것이고, 이상적인 삶에 도착할 수 있다는 희망이 들다가도 이내 허탈감이 몰려왔다. 내 상황에 딱 맞게 떨어지는 완벽한 해결책은 없었기 때문이다.

그러다 마침내 책에서 합리적인 타협점을 찾게 되었다. 바로 '10%'만 나아지는 것이었다. 삶을 내 이상향에 맞도록 완전히 변화시키겠다는 건 생각만으로도 조급증이 들었다. 반면, 10% 정도만 나아지는 일은 부담이 덜하고 나도 할 수 있겠다고 여겨졌다. 그 정도는 합리적으로 나 자신을 설득할 수 있었다.

하루에 딱 한 걸음

현재에 만족하지 못할 때 우리는 엄청난 계획을 세우면서 일생일대의 '터닝 포인트'를 만들고자 한다. 이때의 핵심은 엄청난 계획이다. 평소에 하지 않았던 엄청난 것들을 갑자기 잔뜩 하고자 마음먹는다.

그러나 인간의 뇌는 변화를 극도로 싫어하게 설계되어 있다. 엄청난 노력을 할수록 엄청난 저항이 뒤따라 온다. 결국 체력적으로 지쳤을 때 이성보다 감정의 힘이 세지면서 계획한 것들을 하지 못하게 된다. 기대가 크면 실망도 큰 법이라, 행복해지기 위해 쏟았던 노력만큼 우리는 더 큰 절망감에 빠지고 만다.

그러니 변화를 시도하려면, 자신이 생각하는 것보다 아주 작은 것부터 변화를 시도해야 한다. 뇌가 변화를 눈치채지 못할 정도로, 그래서 저항하지 않을 정도로 작게 작게 변화를 실천해야 한다. 100%가 아니라 '딱 10%만 좋아지자'고 생각하고 노력해야 한다는 것이다.

지속적인 성장은 우리를 행복하게 한다

딱 10%만 나아지는 가장 쉬운 방법은 무엇일까? 하루에 10분에서 30분 정도 성장감을 느낄 수 있는 활동을 하는 것이다. 이때, 더 많은 시간을 쓰려고 욕심부리지 않는 것이 중요하다. 지나치게 욕심을 부리면 오래 하지 못할뿐더러 눈에 보이는 성과를 기대하게 되어 금방 실망하게 되기 때문이다.

나는 이 시간을 책 읽거나 글 쓰는 데 할애했다. 매일 조금씩 책을 읽고 글을 쓰다 보니, 지독하게 힘들었던 삶이 조금씩 사랑스러워졌다. 꾸준히 성장감을 느끼니 긍정적인 에너지가 샘솟았고 행복해졌다. 쾌락이 주는 행복은 자기파괴적인 속성이 있어서 지속하기 어려운 반면, 성장감이 주는 행복은 느끼면 느낄수록 긍정적인 효과를 내는 선순환을 일으켰다. 삶은 점점 좋아졌다.

부수적인 효과도 있었다. '사랑하는 대상'이 생겨서였다. 매일 글을 쓰면서 나는 글쓰기를 사랑하게 됐다. 내게 의미 있는 일에 몰입하고 그 일을 사랑하게 되니 삶이 그만큼 사랑스러워졌다. 게다가 글쓰기에 집중할 때는 부정적인 내면의 아이가 말하는 소리가 들리지 않았다. 어떤 괴로운 상황이라도 집중할 수 있는 무언가가 있으니 훨씬 덜 고통스러웠다.

성장과 몰입이 행복의 열쇠다

나의 내면에는 여전히 부정적인 아이가 있다. 환경이 바뀌지도 않았다. 그러나 이제 나는 불행하지 않다. 매일 조금씩 성장하고, 내가 사랑하는 일에 몰입하며 고통을 잊고 삶을 즐기면서 앞으로 나아가고 있다.

불행에서 벗어나는 일은 이토록 작은 것을 바꿔나가는 데서부터 시작된다. 남과의 비교를 멈추고, 높은 이상향을 버리고 내가 할 수 있는 습관을 매일 조금씩 실천해 보는 것이다. 성장감을 느낄 수 있고 몰입하게 되는 행위라면 더더욱 좋다. 그렇게 삶을 조금씩 사랑하게 되면, 삶도 당신을 사랑하게 될 것이다.

제2장

도전하지 않는 것이
가장 위험하다

실패는 실패일 뿐이다

'실패는 성공의 어머니'라는 유명한 말이 있다. 발명왕 토머스 에디슨이 전구를 발명하기까지 1,000번 이상 실패했다는 이야기도 널리 알려져 있다. 정말 실패를 많이 하면 성공할 수 있을까?

안타깝게도, 실패가 쌓인다고 실패가 성공으로 이어지는 건 아니다. 성공한 사람들의 일화에 전부 실패 사례가 있는 이유는 단지 대중들이 좋아하기 때문이다. 사람들은 성공한 사람의 자랑을 듣고 싶어 하지 않는다. 소위 '실패담'들은 성공 스토리를 거부감 없이 전달하고 이목을 끌기 위한 장치일 뿐, 비참할 정도의 실패 경험이 성공의 직접적인 원인은 아니다.

실패가 아닌 성공이 중요하다

사실 토머스 에디슨은 실패보다 성공을 더 많이 한 사람이다. 그는 과거에 수많은 성공을 경험했고, 그 경험들을 통해 성공에 대한 확신을 얻었기에 실험을 이어 나갈 수 있었다. 실패가 도전의 원동력이 된 것이 아니라 '작은 성공'들이 도전의 원동력이 된 것이었다.

확신 없이 무수한 실패를 감행할 수 있는 사람은 극히 드물다. 실패할 때마다 많은 시간과 비용이 들며, 거듭되는 실패는 다시 도전할 의욕을 무참히 꺾어버리기 때문이다. 그러니 실패를 반복하면 성공할 수 있다는 말은 반쪽짜리 정답에 불과하다.

할 수 있을 때 하지 않으면 하고 싶을 때 하지 못한다

실패는 그저 실패일 뿐이다

물론 모든 일에서 성공만 경험하는 건 거의 불가능하다. 대부분의 사람은 실패를 경험한다. 다만, 지금의 실패보다는 과거에 성공했던 경험들에 초점을 맞춰야 끝까지 지속할 수 있고, 마침내 해낼 수 있다는 것이 중요하다. 그러니 작은 성공에는 크게 기뻐하고 큰 실패에는 의연한 태도를 지니자. 실패는 실패일 뿐이라고 담담히 받아들여야 한다.

실패했을 때 이를 분석하고 연구하는 자세 또한 중요하다. 그렇게 하지 않고 그저 실패는 성공의 어머니라고 여기며 제대로 피드백을 받지 않고 같은 행위를 반복하면 다른 결과를 얻기 힘들어진다. 실패를 통해 무엇이 잘못되었고 무엇이 잘되었는지를 판별하고 배워서 앞으로 나아가야 한다. 그럴 때 실패는 성공의 보조자가 되어준다.

바꿀 수 있는 것과 바꿀 수 없는 것

누구나 남들이 자신을 좋게 봐주고 중요한 사람으로 여겨 주길 바란다. 그래서 우리는 평판에 늘 신경을 쓴다. 하지만 평판에 지나치게 신경 쓰다 보면 괴로워진다. 평판은 결코 우리가 통제할 수 있는 것이 아니기 때문이다. 내가 호의로 한 행동이더라도 상대는 기분 나쁘게 받아들일 수 있고, 내가 어떤 노력을 하더라도 평판을 좋게 만들지 못할 수도 있다. 자신이 통제할 수 없는 것을 통제하려 들면 괴로워지는 게 당연하다.

평판을 지나치게 신경 쓰다 보면 정작 삶에서 중요한 일을 놓치게 되기도 한다. 자신이 원하는 것을 하기보다 평판을 위해 하고 싶지 않은 일을 하는 경우가 그렇다. 그런 행위를 한다고 평판이 좋아질 거라는 보장도 없는데 말이다.

어차피 바뀌지 않을 평판 때문에 귀중한 시간을 낭비해서는 안 된다. 평판에 덜 신경 쓰기 위해서는 우리는 어떻게 해야 할까?

평판에서 자유로워지는 법

첫째, 인간은 바른 판단보다 잘못된 판단을 내릴 때가 더 많다는 사실을 받아들여야 한다. 누구나 실수를 한다. 예외는 없다. 그렇기에 언제나 훌륭한 선택을 해서 중요한 존재라는 인식을 남에게 심어주기 위해 아등바등할 필요가 없다. 애초에 불가능하다. 이 사실을 마음 깊이 받아들이자.

둘째, 평판을 신경 쓰면 오히려 평판이 나빠진다는 사실을 기억하자. 평판을 좋게 만들고 싶다면 평판을 신경 써서는 안 된다. 하지 않은 행동이나 말로 인해 나쁜 평판이 생겼다고 해 보자. 이때 억울한 마음에 본업은 내버려 두고 나쁜 평판만 해명하려 다닌다면 오히려 미움을 사게 된다. 게다가 자연스럽게 가라앉을 소문을 온통 휘저어서 다시 표면 위로 끌어올리는 일이 되기도 한다.

거짓 소문에 아예 대응하지 말라는 뜻은 아니다. 한 번 진실을 말한 뒤에는 신경 쓰지 말라는 것이다. 해명했으면 그냥 묵묵히 자신의 길을 걸어 나가야 한다. 자신이 올바르게 행동해 왔고 앞으로도 그렇게 살아나간다면 설령 나쁜 평판이 생겼을지언정 결국 정리된다. 시간이 지나면 오해는 자연스럽게 풀릴 것이고 세상은 당신의 편에 서서 주변을 올바르게 정리해 줄 것이다. 당신은 그저 무소의 뿔처럼 앞으로 나아가기만 하면 된다.

셋째, 오로지 평판 때문에 남에게 호의를 베푸는 일을 멈춰야 한다. 상대가 아니라 평판을 신경 쓰게 되면, 타인이 원하지도 않는 것을 베풀게 되기 쉽고, 이러한 노력은 상대

할 수 있을 때 하지 않으면 하고 싶을 때 하지 못한다

를 위해서 한 게 아니고 평판을 위해서 한 것이기에 분노나 원망을 사기 쉽다. 오히려 평판이 나빠질 수도 있다.

지나치게 신경 쓰지 말자

좋은 평판이든 나쁜 평판이든 무엇보다 중요한 건, 결국 평판은 다른 사람의 생각에 불과하다는 것이다. 남의 생각은 별 힘이 없다. 우리 인생의 조연에 불과한 평판 때문에 자기 자신을 희생시키는 건, 주객전도임이 분명하다. 비중 없는 조연들은 그냥 지나가게 두자. 평판이 아니라 '나 자신'에 초점을 두고 살아가야 한다.

예민함은 재능이다

세계적 작가이자 심리학자인 조던 피터슨 교수는 예민한 사람을 보고 '안타깝다'고 표현했다. 예민한 사람은 엄청난 노력 없이는 슬프고 어두운 인생을 살 수밖에 없다는 사실을 그는 알고 있었던 것이다.

예민함을 다른 단어로 표현하자면, '슬픔'이라고 말하고 싶다. 예민함은 슬프다. 인간은 사회적인 동물로 설계됐다. 그런데 사람을 만날수록 예민한 사람은 지친다. 보통 사람보다 외부 자극에 훨씬 취약한 탓이다. 본능적으로는 사람을 만나고 싶은데 막상 만나면 힘들어진다는 뜻이다. 예민한 사람은 자연스러운 본능대로 살고 싶어도 살 수 없기에 슬프다.

다행히도 인터넷이나 책에서 많은 전문가들이 예민함을 극복하는 방법에 관해 말하고 있다. 이것들을 실생활에 적용하려면 큰 노력과 의지가 필요하지만, 못할 것도 없다. 그중 쉽게 실천이 가능하면서도 가장 효과가 좋았던 방법을 공유해 보려고 한다.

자기 자신 내려놓기

예민한 사람은 먼저, 자기 자신을 내려놓아야 한다. 예민한 사람은 스스로에 관한 생각이 너무 많고 여기에 집착하는 경향이 있다. 외부 자극에 취약한 탓에 자신을 보호해야 한다는 마음이 크기 때문이다.

그러나 너무 자신에게 집중하다 보면 득보다 실이 크다.

인간의 본성상 긍정적 생각보다 부정적 생각을 하게 되기 쉬운데, 초점이 자기에게만 맞춰져 있으면 자동으로 자신에 관해 부정적 생각을 하게 된다. 스스로의 부족한 점만 눈에 들어오고 고칠 것만 떠오른다.

부정적 생각들은 반추되는 경향이 있다. 자신에 관한 부정적인 생각들을 반추하게 되면 결국 우울하고 불안해진다. 그렇기에 예민한 사람은 자신을 내려놓는 연습을 꾸준히 하는 것이 좋다. 행복한 사람은 자기 자신에게 덜 집중하는 경향이 있다는 실제 연구 결과도 존재한다.

상대방의 의도 파악하지 않기

두 번째는 자기 자신을 내려놓듯, 상대방도 내려놓는 것이다. 예민한 사람은 상대의 말과 행동을 파악하려고 엄청나게 애쓴다. 상대의 의도를 정확하게 예측하여 갈등을 피하고자 하는 것이다.

그런데 타인의 의도를 추측하는 일에는 굉장한 에너지가

할 수 있을 때 하지 않으면 하고 싶을 때 하지 못한다

든다. 사람을 만날 때마다 힘들고 지치고 싶지 않다면 상대의 의도를 파악하려고 애쓰는 일을 그만두어야 한다. 게다가 아무리 친한 상대일지라도 모든 예측이 맞을 수는 없다. 때로는 완전히 틀린 추측을 하게 될 수도 있다. 오히려 의도를 오해해서 더 상황이 안 좋아질 수도 있다는 것이다. 상대의 의도가 헷갈리면 차라리 상대에게 간단히 질문하는 게 낫다. 직접 묻는 게 에너지도 아끼고 갈등도 줄이는 길이다.

예민함을 섬세함으로

마지막 방법은 '예민함'을 '섬세함'으로 바꾸어 사용하는 것이다. 예민한 사람은 감각이 잘 발달해 있어 자신에게 오는 자극을 잘 받아들인다. 이를 이용하여 상대의 말이나 행동, 표정들을 잘 살피면, 좀 더 부드럽고 배려심 있게 행동할 수 있다. 이때의 배려는 상대의 눈치를 보는 것이 아니다. '상대가 나를 싫어할까 봐'와 같은 회피적 동기가 아닌 '상대가 좋고 고마워서'라는 접근적 동기로 다가가는 것이다.

예민함을 섬세함으로 살리는 두 번째 방법은, 상대의 단점이 아닌 상대의 '장점'을 찾는 데 집중하는 것이다. 예민한 만큼 다른 사람들의 면모가 눈에 잘 들어올 것이다. 이때 초점을 단점이 아닌 장점에 맞춰 보자.

상대의 단점을 보면 필연적으로 자기 보호의 마음과 상대를 회피하고 싶은 마음이 생겨난다. 반면, 상대의 장점을 보면 상대를 포용하고 싶은 마음과 다가가고 싶은 마음이 생긴다. 이렇게 하다 보면 사람을 만날 때 움츠러드는 마음 대신 편안한 마음이 들게 될 것이다.

예민함은 축복이다

예민함은 상대나 자신을 찌르는 무기가 될 수도 있지만, 얼마든지 섬세함으로 바꾸어 주변 사람들과 나 자신을 지키는 방패나 주변을 따스하게 데워주는 모닥불로 사용할 수 있다.

연구에 따르면, 예민함은 후천적으로 기를 수 없는 능력

할 수 있을 때 하지 않으면 하고 싶을 때 하지 못한다

이다. 따라서 예민함 즉, 섬세함은 누구나 지닐 수 있는 능력이 아니다. 예민한 사람만이 누릴 수 있는 선물이다. 예민함으로 자신을 괴롭힐 것인가, 아니면 섬세함으로 유용하게 사용할 것인가? 선택은 오로지 당신의 몫이다.

사랑은 무엇보다 자신을 위한 것이다

누구나 사랑받기를 원한다. 이 욕구에서 자유로운 사람은 없다. 표면적으로 어떤 행동을 하든 내면적으로 어떠한 욕구가 있든 간에 깊게 살펴보면 그것은 결국 사랑에 뿌리를 두고 있다. 그런데 자존감이 낮은 사람들은 인간의 자연스러운 본능인 사랑받고 싶은 욕구를 왜곡되게 표출한다. 여기에는 크게 두 부류가 있다.

할 수 있을 때 하지 않으면 하고 싶을 때 하지 못한다

사랑이 없으면 사랑할 수 없다

한 부류는 타인에게 엄청난 사랑을 요구한다. 그들은 상대가 지쳐 쓰러질 때까지 사랑을 갈구한다. 사랑을 이토록 끊임없이 요구하는 건 자신의 결핍된 자존감을 채우기 위해서다. 그러나 남의 사랑으로 자신의 자존감을 완전하게 채우는 일은 불가능하다. 자존감은 내가 나를 대하는 태도이지 상대가 나를 대하는 태도가 아니기 때문이다. 결국, 채워지지 않는 그릇을 채우려고 하며 이기적인 행동을 멈추지 않는 이들에게 지쳐, 상대는 떠나고 만다.

다른 한 부류는 사랑받기를 격렬하게 거부한다. 그러나 이는 표면적인 모습에 불과하다. 너무나도 사랑받길 원해서 사랑받기를 거부하는 것이다. 이들은 왜 진심으로 타인을 대하지 못하고 사랑을 거부할까?

스스로에게 자신감이 없기 때문이다. 무의식의 세계에서 그들은 자신이 사랑받을 만한 존재가 아니라고 외치고 있다. 자신의 의지와는 상관없이 말이다.

그들은 과거에 관계에서 혼자서는 감당하지 못할 큰 상처를 받았고, 그 상처를 제대로 치유하지 못했을 가능성이 크다. 그래서 사랑받고 싶다는 자연스러운 마음이 올라와도 자신에게는 그 사랑을 받을 자격이 없다고 생각하며 욕구를 외면하는 것이다.

두 경우 모두 발현되는 모습은 다르지만, 낮은 자존감으로 인해 사랑을 놓치게 된다는 면에서는 공통점을 보인다.

사랑은 행동에서 시작된다

사랑받기를 원한다면 낮은 자존감부터 높여야 한다. 자신을 존중하는 마음인 자존감은 '사랑'에서 나온다. 자기 자신을 먼저 사랑해 주어야, 끊임없이 남에게 사랑을 갈구하여 관계를 파괴하거나 아예 사랑받을 기회를 차단해 버리는 행위를 멈출 수 있다.

자신을 사랑한다는 건 성실한 자기계발에서 시작된다. 사랑이란 상대를 책임지고, 돌보고, 성장시키고, 행복하게 만들어준다는 말과 동의어이기 때문이다.

가장 본질적인 자신의 생명부터 책임지고 돌볼 때 사랑은 시작된다. 먼저, 자신의 건강을 챙기고 돌봐야 한다. 흡연이나 음주를 자주 한다면 건강을 위해서 줄이거나 끊어보자. 그리고 운동을 시작해 보자.

그다음에는 무엇이든 성공 경험이 쌓일 만한 것들을 해나가 보자. 의미 있는 결과가 나오게 되면 뿌듯하고 보람을 느끼게 된다. 설령 뚜렷한 결과가 나오지 않더라도, 노력하는 과정을 거쳐 작은 성공 경험들이 모이면 자신감이 차곡차곡 쌓이게 된다. 스스로에게 감동하고 만족을 느끼는 경험들을 통해 자존감은 점점 높아진다.

먼저 사랑을 주어야 한다

자신을 사랑하게 되었다면 본격적으로 사랑받을 차례다. 그런데 놀라운 사실이 있다. 사랑을 받기 위해서는 먼저 내 사랑을 타인에게 줘야 한다는 것이다.

관계가 시작되려면 반드시 어느 한쪽이 먼저 사랑을 줘야 한다. 그런데 내가 아닌 남이 먼저 사랑을 주길 바라면, 영영 사랑받지 못할 수도 있고 사랑을 받기까지 시간이 엄청나게 오래 걸릴 수도 있다. 이때 내가 먼저 사랑을 건네는 것이 사랑을 받는 가장 빠른 길이다.

사랑을 건네는 건 엄청나게 어려운 일이 아니다. 그저 따스한 온기를 전달한다고 생각하면 된다. 그렇게 건넨 사랑은 타인에게 어떤 부담도 주지 않는다. 상대의 기분과 감정을 고려하며 배려하다 보면 대화는 자연스럽게 흘러가고 사랑이 전해질 것이다.

그렇게 상대방과 호흡을 맞추어서 사랑의 크기를 조금씩 키워나가면 된다. 사랑은 혼자 하는 것이 아니므로 절대 혼자만 앞서 나가면 안 된다. 만약 어떤 관심과 애정에도 상대방이 마음을 열지 않는다면 원망하지 말고 떠나면 된다. 그것도 상대방을 배려하는 사랑이다.

많은 사람들이 사랑받기 위해 비싼 외제 차를 사고 명품을 산다. 화려한 물건들을 통해 자신의 존재를 입증하여 타인의 사랑을 쟁취하기 위해서다. 엉뚱한 일이다. 이런 외적인 것들은 사랑과는 거리가 멀다. 진정 사랑받는 법은 자신에게 먼저 사랑을 주고, 그다음에 타인에게 사랑을 주는 것이다. 먼저 사랑하자. 그러지 않으면 누구도 당신에게 사랑을 주지 않을 것이다.

나를 잃어가며 지켜야 할 관계는 없다

'삼인성호三人成虎'라는 고사성어가 있다. 말 그대로 세 사람만 우기면 없는 호랑이도 만들 수 있다는 뜻이다. 세 사람이 합심하여 서로 짜고 "호랑이가 있었다"고 거짓말하면 속지 않을 사람이 없다는 것이다.

배경은 이렇다. 전국시대 위나라에 방총이라는 고위 공무원이 있었다. 그는 태자와 함께 조나라에 인질로 끌려가게되었다. 조나라에 가기 전날 방총은 왕을 찾아가서 이렇게 고하였다.

"지금 어떤 사람이 시장 한복판에 호랑이가 나타났다고 하면 믿으시겠습니까?"

방총의 말에 왕은 믿지 않는다고 대답했다. 방총은 두 사람이 호랑이 얘기를 하면 믿겠느냐고 다시 물었지만 왕은 여전히 믿지 않는다고 대답했다.

방총은 다시 물었다.

"세 명이 말하면 믿으시겠습니까?"

그러자 왕은 믿겠다고 대답했다. 방총은 방금 나눈 대화를 기억해달라며 왕에게 어떤 모함에도 자신을 믿어달라고 부탁했다.

하지만 결국 방총은 모함을 받아 다시는 위나라로 돌아오지 못했다. 왕에게 미리 언질을 해두었지만, 결국 세 사람 이상이 합심한 모함에 지고만 것이다.

많은 사람이 방총과 같은 상황을 겪는다. 여럿이서 합심하여 모함하고 바보로 만들면 버텨낼 재간이 없다는 것이다.

가짜 관계를 멀리해야 한다

눈 뜨고도 코가 베이는 삼인성호와 같은 상황을 방지하기 위해서는 '가짜 관계'를 최대한 멀리해야 한다.

가짜 관계란 진심이 없으며 어느 한쪽만 이득을 취하고 있는 관계다. 어느 한쪽이 물질적이든 감정적이든 상대방을 착취하기 때문에 가짜 관계에서는 작은 갈등만 생겨도 큰 문제가 된다. 이득을 위해 관계를 맺었는데 손해가 나면 그 관계를 지속할 이유가 없기 때문이다. 그래서 가짜 관계는 오래가기 어렵다.

반면 진짜 관계는 서로의 이득과 감정이 일치할 때 이룰 수 있다. 진짜 관계는 갈등이 있더라도 손해를 따지지 않고 서로 신뢰하기 때문에 금방 갈등이 해소되며 괴로움이 적고 관계가 오래도록 유지된다.

문제는 한 명은 진짜 관계를 맺고, 다른 한 명은 가짜 관계를 맺을 때다. 둘 다 가짜 관계라면 서로 손해가 났을 때 끊어지겠지만, 자신이 진짜 관계를 맺고 있다고 철석같이 믿고 있는 사람은 상대가 아무리 자기를 착취해도 자꾸 내어주려고 한다. 손해의 여부와 상관없이 관계를 계속 유지시키기에 큰 피해를 보게 된다.

감정적이든 물질적이든 착취당하는 관계는 무조건 나쁘다. 누구 하나 불편하다면 그 관계는 지속되어서는 안 된다는 것이다.

가짜 보석은 더 반짝거린다

가짜 관계를 어떻게 하면 쉽게 구분할 수 있을까?

'빈 수레가 요란하다'는 말을 기억하면 된다. 만약 누군가가 당신에게 끊임없이 과장된 말이나 행동을 한다면 의심해보라. 솔직하게 대하지 않고 자신이 대단한 사람인 것처럼 허세를 부린다면 가까이하지 않는 것이 좋다.

이유 없이 자랑을 하는 사람은 없기 때문이다. 자신을 크게 부풀려서 당신에게 무언가를 취하려고 다가오는 것이다. 그들은 당신에게 비밀이 많을 것이고, 필요할 때만 당신을 찾을 것이다. 그런 모습들을 자주 보인다면 선택해야 한다. 관계를 유지할 것인지 유지하지 않을 것인지.

다음은 적극적으로 가짜 관계를 구분하는 두 번째 방법이다. 당신이 상처받았을 때 상대에게 다음과 같이 요구해 보면 알 수 있다. "다시는 나에게 그러지 말라"고 말해 보라.

반응은 두 가지로 나누어진다. "미안하다"고 진심으로 사과를 건네는 경우 혹은 "나는 원래 그렇다"고 핑계를 대는 경우다. 상대가 "나는 원래 그래"라고 말한다면 그 사람은 당신과 가짜 관계를 맺고 있을 가능성이 매우 크다. 원래 그렇다는 말은 당신이 불편한 걸 알지만 그 행위를 멈추지 않겠다는 뜻이고, 자신은 어떤 노력도 하지 않겠다는 의미이기 때문이다.

관계는 서로 주고받음이 되어야 성립된다. 그런데 당신에게 받기만 하고 자기는 어떤 것도 주지 않겠다는 말은 무슨 뜻인가? 당신과 동등한 관계가 아니며 가짜 관계라는 말이다. 그러한 말을 들었다면 뒤도 돌아보지 말고 그 사람을 떠나야 한다. 당신의 소중한 시간과 비용을 '자신은 원래 그렇다'는 말을 내뱉는 사람에게 쓸 필요는 없다.

당신은 관계를 선택할 권리가 있다

가짜 관계에서도 즐거움과 에너지를 얻을 수는 있다. 그렇지만 그러한 관계는 지속되기 어렵다. 눈과 귀가 막힌 채로 다른 누군가와 어떻게 오래도록 만남을 지속할 수 있겠는가. 오래 본 사람, 혹은 내가 좋아하는 사람이라고 해서 그를 잃을까 하는 두려움에 착취적인 관계를 지속하지는 말자.

관계를 정리한다고 큰일나지 않는다. 때로는 심심할 수도 있고, 외로울 수도 있고, 추억에 잠겨 슬플 때도 있을 것이지만 그때뿐이다. 당신의 옆자리는 비워질 것이며, 당신의 시간은 늘어날 것이다. 당신을 진심으로 사랑해 주는 진짜 관계가 이윽고 그 자리를 채워줄 것이고 당신의 손을 따뜻하게 붙잡아 줄 것이다. 당신은 그 사람, 혹은 그들과 함께 시간을 보내면 된다.

관계는 스스로 선택해야 한다. 그 권리는 각자에게 있는 것이며, 당연히 당신에게도 있다. 가짜 관계라면 오래 끌수록 당신에게 해가 될 뿐이니 정리하는 것이 좋다. 파괴에는 창조가 필연적으로 따른다. 관계가 정리되면 새로운 관계가 찾아오는 게 순리다. 당신에게 찾아올 진짜 관계를 위해서라도 가짜 관계는 정리해두도록 하자.

할 수 있을 때 하지 않으면 하고 싶을 때 하지 못한다

일을 사랑하면 삶도 사랑스러워 보인다

대기업이나 공기업에 취업하거나 공무원이 되는 게 꿈이었다. 누구나 알아주고, 인정받는 직장에서 일하기를 바랐다. 그러나 현실은 녹록지 않았다. 인생의 수많은 '변수'가 강력한 힘을 발휘했던 탓이다. 하지만 인생에 찾아오는 변수보다 더 큰 문제가 있었다. 바로 나의 '태도'였다.

나는 일을 사랑하지 않고 진지하게 생각해 보지 않아 오랜 시간 동안 지독한 대가를 치렀다. 운이 나빠서가 아니었다. 시간이 지나자 심각성을 깨달았고, 부랴부랴 진지한 태도로 일을 대하기 시작했다.

일을 사랑하지 않으면

일을 사랑하지 않으면 어떤 직장에서 근무하든 문제가 발생한다. 하루의 절반 이상을 쓰는 시간을 사랑하지 않으면 인생의 절반이 불행해지기 때문이다.

사랑하지 않는 것에 시간과 열정을 오래 쏟기는 어려운 까닭에 이직이 잦아지고 소득이 적어지는 것도 또 하나의 문제다. 짧은 커리어는 또다시 적은 소득을 만들어내고 이는 싫은 일을 감내하는 거에 비해 돌아오는 게 적다는 불평을 만들어낸다. 작은 불행들이 계속 악순환된다.

'일' 자체를 사랑해야 한다

사랑하는 일을 찾아내서 해야 한다고 말하는 것이 아니

할 수 있을 때 하지 않으면 하고 싶을 때 하지 못한다

다. 일의 종류가 아니라 일 자체를 사랑해야 한다고 말하는 것이다. 우리는 대체로 '일' 자체를 부정적으로 생각한다. 생계를 위해 힘들고 지쳐도 억지로 꾸역꾸역해야 하는 것이라고 여긴다. 그러나 이는 일의 본질을 모르기 때문에 하는 말이다.

일은 단순히 돈을 벌기 위해 하는 것이 아니다. 일은 그보다 더 복잡하고 숭고한 행위이다. 돈을 번다는 건 누군가를 행복하고 편안하게 해 줬다는 뜻이기 때문이다. 만약 당신이 떡볶이 장사를 한다고 가정해 보자. 당신은 열심히 떡볶이를 만든다. 더 나아가서, 정말 맛있게 만든다. 사람들은 당신의 떡볶이로 인해 행복감을 느끼고, 그 대가로 돈을 기꺼이 지불한다. 당신이 받은 돈과 당신이 사람들에게 나눠준 행복이 비례하는 것이다.

외식업을 하든 사기업에 다니든 공무원이 되든 돈 버는 원리는 모두 같다. 가치 있는 서비스나 제품을 사람들에게 제공하고 그 대가를 돈으로 받는 것이다. 그렇기에 우리가 돈을 벌고 있다면, 누군가를 행복하고 편안하게 해 주고 있는 거라고 볼 수 있다.

결국 일을 사랑하는 방법은 단순하다. 종류를 바꾸는 게 아니라 자신이 하는 일이 누군가에게 도움이 된다는 사실만 인지하면 된다. 일을 사랑할수록, 그리하여 인생이 사랑하는 시간들로 채워질수록 당신의 삶은 더 풍요로워질 것이다.

행복은 괴롭지 않은 상태다

행복해지려고 끊임없이 '노력'하며 살아가는 사람들이 있다. 자기계발이나 동기부여 강사들은 이를 이용하여 장사를 하기도 한다. 성장하기 위한 '고통'은 선이며, 반드시 추구해야 하는 가치라고 선동하는 것이다. 이들은 말한다. "지금 여기에서 만족하지 말고, 더욱더 노력해서 환희로 가득찬 행복을 쟁취하라"고.

나는 다르게 말하고 싶다. 그건 행복이 아니고 쾌락이며,

지금 당신이 고통스럽지 않다면 그게 행복하다는 뜻이라고.

지금 당장 행복해지는 법

누구나 아파본 경험이 있을 것이다. 조금만 아파도 일상 생활이 힘들어지지 않았는가? 건강할 때는 전혀 알지 못했을 것이다. 코로나 팬데믹을 겪으면서는 일상의 소중함을 더 확실하게 느꼈다. 사람들과 만나는 일, 같이 밥을 먹고 대화하는 일상이 그전에는 그렇게 귀한지 몰랐다.

잃어보지 않으면 지금 가진 것들의 소중함을 잊기 쉽다. 어느새 공기와 같이 익숙해져서 그 가치를 알아보지 못하게 된다. 무가치하게 여기게 되고, 다른 더 자극적이고 커다란 무언가를 행복이라고 생각하며 이를 추구하게 된다.

그러나 이는 행복에 대한 잘못된 정의다. 행복은 쾌락을 추구하는 일이 아니라 '고통이 없는 상태'다. 만약, 행복을 쾌락이라고 착각하면 큰 문제가 생긴다. 쾌락을 추구하는 일은 결코 끝나지 않기 때문이다. 모든 것은 상대적이라 눈

할 수 있을 때 하지 않으면 하고 싶을 때 하지 못한다

앞의 쾌락은 금세 익숙해지고, 다시금 더 자극적이고 큰 쾌락을 찾아나서게 된다. 결승선 없는 마라톤 경주를 뛰는 것이다.

행복은 지금 여기에 있다

고통이 없고 대체로 무료하지 않은 삶이라면, 지상에서 이룰 수 있는 최고의 행복을 달성한 것이라고 봐도 좋다. 어디 아프지 않고 그럭저럭 살 만하다면 행복한 것이다. 축복받은 삶이라고 해도 과언이 아니다.

이 사실을 깨닫는다면, 외롭다거나 우울하다고 말하는 것이 얼마나 허망한 말인지 알 수 있다. 지금 살아 숨 쉬고 있으며, 어디 불편한 것이 없이 평범한 일상을 살아내는 것 자체가 행복하다는 증거이기 때문이다. 당신의 생명력과 존재 자체가 행복의 원천이다.

타인의 욕망을 욕망하지 말라

죽기 직전, 우리가 가장 크게 후회하는 것 중 하나는 자신이 원하는 대로 살지 않고 타인이 원하는 대로 인생을 살았다는 것이라고 한다.

도대체 우리는 왜 자신의 기준이 아닌 타인의 기준을 따라 인생을 살게 되는 걸까?

할 수 있을 때 하지 않으면 하고 싶을 때 하지 못한다

모두가 한 곳을 향해 달리고 있다

자본주의는 기본적으로 경쟁 사회다. 어디에서나 경쟁이 있다. 그런데 그 경쟁의 대상과 결승선이 정해져 있다. 경쟁의 대상이 되는 것들은 학벌, 외모, 경제력 등 소위 모든 '조건'들이다. 많은 사람들은 이 레이스에 맹목적으로 참여한다. 그리고 결승선을 향해 달린다. 누구보다 빨리, 그리고 멀리 가기 위해 달린다. 더 좋은 학벌, 더 나은 외모, 더 많은 돈을 갖기 위해 끝없이 내달린다.

그렇게 달리다가 삶의 종착역에 다다랐을 때쯤 깨닫는다. 이건 나의 레이스가 아니라 다른 사람들의 레이스였다는 것을. 자신의 욕망이 아니라 타인의 욕망을 욕망하고 있었음을 그제야 비로소 깨닫게 된다.

당신만의 레이스를 선택하라

하나의 방향으로 모두가 동시에 뛰면 경주가 된다. 그 안에서는 순위가 매겨진다. 하나의 기준에 따라 누가 잘하고 못하는지, 누가 잘났고 못났는지 평가가 가능해진다. 반면, 각자 자기 자신이 원하는 방향으로 달리면 전부 1등이 된다. 누구나 자신만의 길에서 1등 주자이며 승리자가 되는 게임을 하는 것이다.

우리는 복제된 삶이 아닌 유일한 삶을 살아내야 한다. 삶은 똑같은 피니쉬 라인을 향해 달려가는 단일 레이스가 아니다. 자신이 원하는 길로 가자. 그렇게 하면 치열한 경쟁 사회에서 살짝 빠져나와 더 풍요로운 인생을 살아가게 될 것이다.

할 수 있을 때 하지 않으면 하고 싶을 때 하지 못한다

추월하지 않고 서행해도 괜찮다

"월급을 받는다면, 자신의 시간을 파는 현대판 노예다."

책 《부의 추월차선》의 저자 엠제이 드마코의 말이다. 그는 월요일부터 금요일까지 일하는 사람들을 노예라고 부른다. 그의 저서가 스테디셀러가 된 현재, 월급이 가치 없다고 주장하는 사람들이 여기저기에서 나오고 있다. 그들은 '자유를 팔아 자유를 산다'며 직장인들을 조롱한다. 그런데 월급을 받고 사는 사람들은 정말 노예인 걸까?

결론부터 말하자면, '아니다'. 어떤 사람들은 월급을 '마약'이라고 표현하기도 하는데 월급을 받으면서 사는 사람들은 노예도 아니고 마약을 하는 것 또한 아니다. 누구나 사업가가 될 수 있는 것은 아니며, 또한 누구나 엄청난 부자가 되기를 원하지는 않기 때문이다.

욕망의 끝은 사랑이다

항상 그들의 주장 뒤에는 돈이 있다. 돈으로 살 수 있는 물질을 전면에 내세운다. 커다란 단독주택, 휘황찬란한 명품들, 아주 비싼 외제 차…. 이들은 월급만으로는 멋진 집과 옷, 가방, 차 등을 결코 가질 수 없다고 이야기한다. 그런데 정말 그 물건들이 인생을 담보로 해야 할 만큼 가치 있는 것들인가? 소위 '람보르기니'를 타지 못하면 실패한 인생이고 가치 없는 삶을 사는 걸까?

절대 그렇지 않다. 사람이 만들어낸 모든 물질은 결국 하나의 욕망으로 귀결되기 때문이다. 바로 '사랑'과 '존중'을 받고 싶다는 욕구다. 람보르기니도 이 욕망으로부터 탄생한 슈퍼카다. 남들에게 사랑과 존중을 받기 위해 사람들은 람보르기니를 탄다.

분명 고급 차를 타고 다니면 사람들에게 큰 관심을 받는다. 그러나, 딱 거기까지라고 생각해야 한다. 엠제이 드마코 또한 책에서 이야기한다. 람보르기니는 행복까지는 가져다주지 못한다고 말이다.

람보르기니를 사기 위해 우리가 포기해야 할 것들은 무엇이 있을까? 당장은 인간관계부터 정리해야 한다. 쉴 시간 없이 일해야 하기 때문이다. 성공할지 실패할지도 모르는 사업에 자신의 인생을 바쳐야 한다. 자본이 부족해 은행에서 대출받아야 할지도 모른다. 모든 위험 요소들을 삶 속에 끌어들여야 한다. 자신의 인생을 통째로 걸어야 하는 것이다. 게다가 실패할 확률도 높다. 아직도 람보르기니 타령을 하고 싶은가?

월급과 직장의 의미

월급을 받는 게 노예 생활에 불과한 것이 아니라는 두 번째 이유는 '월급'과 '직장 생활'의 가치에 있다. 한인 기업 최초 글로벌 외식 그룹의 경영자이자 책《돈의 속성》의 저자인 김승호 회장은 말했다. "주기적으로 들어오는 돈의 힘을 무시하지 말아야 한다"고. 한 번에 버는 돈보다 주기적으로 들어오는 돈이 더 큰 힘을 가졌다는 것이다.

월급과 같이 꼬박꼬박 들어오는 돈은 크기에 상관없이 굉장한 안정감을 준다. 불안이 줄면 생활 전반에 대한 수행 능력이 좋아지고, 효율적으로 돈을 벌 기회가 생겨난다. 게다가 변동 없이 들어오는 수입은 꾸준하게 재산을 불려갈 수 있는 기반이 된다.

간과하기 쉽지만 직장 생활의 가치도 상당하다. 회사에 다니면 오히려 시간적 여유가 생긴다. 프리랜서나 사업가들은 주말에도 일해야 한다. 모든 걸 온전히 자신이 책임지다 보니 체계적인 시스템이 잡히기 전까지는 정말 바쁘기 때

할 수 있을 때 하지 않으면 하고 싶을 때 하지 못한다

문이다. 세금이나 법, 다양한 문제들을 홀로 해결해야 한다. 그러나 직장인들은 모든 일을 나누어서 처리하기 때문에 상대적으로 시간이 보장된다. 근무 시간이 정해져 있어 그 외의 시간은 마음대로 사용해도 되는 것이다.

직장 생활의 또 다른 이점은 '소속감'을 얻을 수 있다는 것이다. 소속감은 인간에게 매우 중요한 욕구다. 사회적 동물인 인간은 무리 지어 생활해 왔기 때문에 어디엔가 소속되어 있지 않으면 생존에 대한 불안을 느낀다. 직장에 속해 있다는 소속감은 마음에 상당한 안정감을 준다. 그뿐만 아니라 직업으로 가짐으로써 얻는 사회적 위치는 인간에게 필요한 인정 욕구까지 충족시켜 준다.

당신이 가고 싶은 길이 정답이다

직장의 가치를 평가 절하하면서 무작정 회사를 그만둬서는 안 된다. 꼭 하고 싶은 일이 있다면 직장을 다니면서 부업으로 시작해 보는 게 낫다. 자기 적성에 맞는 부업을 찾고 조금씩 발전시켜가다 확신이 들면 그때 옮기는 게 훨씬 더 현실적이고 성공 확률이 높다. 만약 월급만으로도 만족스러운 삶을 살고 있다면, 남들이 다 한다는 이유만으로 굳이 힘들게 다른 시도를 할 필요는 없다. 삶의 기준은 '자신'의 만족도와 행복에 맞춰야 한다.

성공한 사업가나 인플루언서들이 꼭 정답을 말하는 건 아니다. 그들의 위협적이고 공격적인 주장 뒤에는 세속적인 목적이 있을 수도 있다. 자신의 책과 강의를 팔거나 브랜드나 기업을 홍보하기 위해서다. 그러니 그들의 말을 의심 없이 흡수하면 안 된다.

당신의 삶은 당신이 개척하는 것이지 남이 판단하는 것이 아니다. 월급을 받든 사업을 하든 모두 각자의 길이 있다. 각자의 개성은 다양하고 잠재력 또한 무한하다. 그렇기에 자신이 원하는 삶을 살면 그만이다. 돈을 많이 벌고 싶다면, 돈을 벌려고 노력하면 된다. 월급에 만족한다면, 그것으로도 괜찮다. 당신이 행복하면 그걸로 충분하다.

할 수 있을 때 하지 않으면 하고 싶을 때 하지 못한다

만약 서행 차선에서 천천히 서행 중이라면, 안전하게 여생을 즐기면서 갈 수 있다. 꼭 추월해서 가야만 하는 것은 아니다. 목숨을 잃는 사고의 대부분은 추월하는 과정에서 생긴다. 인생 또한 마찬가지다. 각자 가고 싶은 길을 가면 그만이다. 인생에 정답이 없다고들 하지만, 사실 정답은 있다. 당신이 원하고, 가고 싶은 길이 정답이다.

비교의 끝은 언제나 불행이다

개나리와 철쭉, 장미, 라일락, 백합…. 꽃들은 모두 다른 모습이다. 저마다의 향기와 아름다움을 지니고 있어 어느 하나 예쁘지 않은 것이 없다. 각자의 매력과 개성이 넘친다. 식물뿐만 아니라 지구상에 존재하는 모든 동물들도 마찬가지다. 그들은 각자의 역할을 톡톡히 해내고 흙으로 돌아간다. 사람도 별반 다르지 않다. 각자의 그릇대로 살아간다. 그리고 나름대로 삶을 꾸려가며 인생을 보낸다.

할 수 있을 때 하지 않으면 하고 싶을 때 하지 못한다

문제는 자신의 그릇에 만족하지 못하는 사람들이다. 그들은 자신의 그릇에 이런저런 이유를 대면서 불평을 늘어놓으며 남의 그릇을 탐낸다. 다른 사람처럼 되려고 아등바등하기도 한다.

자기 그릇을 채워야 한다

그들이 자신의 그릇에 만족하지 못하는 이유는 딱 하나다. 타인 혹은 이상적인 기준에 대고 자신을 '비교'했기 때문이다. 비교의 끝은 언제나 불행이다.

비교하면 결국 불행해지는 이유는, 비교 그 자체의 속성에 있다. 비교는 상대적이다. 두 개가 똑같지 않은 이상, 특정한 기준에 따라 우월과 열등으로 나뉘어진다. 그런데 이 비교에는 끝이 없다. 비교의 대상이 언제나 존재하는 까닭이다. 예를 들어, 만약 당신이 A라는 사람보다 뛰어나다고 해 보자. 그 당시에는 우월감을 느낄 것이다. 그런데 세계는 넓고 사람은 많다. 아무리 노력해도 당신보다 뛰어난 B라는 사람은 항상 나타난다. 그러면 당신이 A에게 느꼈던 우월감은 결국 B라는 사람 때문에 느끼는 열등감이 되어 당신에게 돌아올 것이다.

영원히 우월할 수는 없다. 이번엔 상대를 제쳤다고 한들, 언제 뒤처질지 모르는 것이다. 따라서 당신은 최고를 향해 달릴 것이 아니라 자신만의 그릇을 받아들이고, 이를 가득 채우는 삶을 지향해야 한다. 그 삶은 풍요로울 것이며, 행복으로 가득찰 것이다.

그렇다면 자신의 그릇은 어떻게 찾고 채운다는 것일까? 여기 아주 간단한 방법이 있다.

좋은 느낌이 드는 곳으로 가라

인간에게는 아주 좋은 내비게이션 기능이 있다. 바로 '느낌'이다. 자신의 느낌에 주목하자. 편안하고 좋은 느낌이 드는 곳이 있는가?

바로 그곳이 당신이 있어야 할 장소이며 맺어야 할 관계

할 수 있을 때 하지 않으면 하고 싶을 때 하지 못한다

가 있는 곳이다. 그러한 장소와 관계를 삶에 정착시키면 된다. 일도 마찬가지다. 좋은 느낌이 들고 기분이 좋아지는 일이 있다면 그것을 시도해 보라. 당신의 그릇에 맞는 일을 하다 보면 괴로움은 사라지고 마음 안에는 여유가 생겨날 것이다.

폭이 좁은 병에는 액체로 된 음식을, 폭이 넓은 그릇에는 덩어리진 음식을 담는 게 어울리는 법이다. 겉보기에 남의 것이 좋아보인다고 따라서 담지 말자. 폭이 좁은 병에 덩어리진 음식을 넣으면 먹지 못하게 되고, 폭이 넓은 그릇에 액체를 넣으면 흘러넘치게 될 뿐이다. 마찬가지로 자신의 그릇에 적절한 것을 채워넣을 때 우리는 행복해진다.

성공은 반복된 작은 노력의 합이다

유난히 아무것도 하고 싶지 않을 때가 있다. 게을러진 자기 자신에게 죄책감을 느낄 수도 있다. 그럴 때 우리는 자신을 잘 살펴보아야 한다. 게으름이 아니라, '번아웃 증후군'일 수도 있다.

번아웃 증후군이란 과로와 스트레스로 인해 무기력에 빠진 상태를 뜻한다. 휴식하지 않고 일만 하다 보면 번아웃 상태에 빠지기 쉽다.

할 수 있을 때 하지 않으면 하고 싶을 때 하지 못한다

단순히 게으름이라고 치부해서 넘기면 안 된다. 번아웃 상태가 심해지면 우울증을 동반한 무기력 상태에 빠지게 된다. 무기력해지면 평소에 좋아하던 일마저 싫어지고, 삶에서 정말 중요한 인간관계와 경제력을 잃어버리게 될 수 있다.

번아웃 증후군의 원인

번아웃 증후군의 원인은 대표적으로 세 가지다. 첫 번째는 체력이 부족할 때이고, 두 번째는 삶의 주도권을 잃었을 때이며, 세 번째는 미래에 희망이 없다고 느껴질 때다.

만약 자신에게 번아웃 증상이 나타났다면 위의 3가지 요소를 자세히 살펴보자. 초기 상태라면 스스로 해결하고자 하는 의지만으로 좋아질 수 있다. 그러나 아래에 소개하는 것을 지속해서 노력해 봤는데도 계속 무기력하다면 병원에 가서 정확한 진단을 받아볼 필요가 있다.

체력이 부족할 때

몸과 마음은 연결되어 있다. 그래서 몸의 체력이 떨어지면 마음의 체력도 같이 고갈된다. 피로감이 만성적으로 느껴지고 집중력이 떨어진다. 짜증이 늘고 삶에 대한 태도가 비관적으로 바뀌기도 한다. 그러다 마음의 체력이 바닥나버리는 게 바로 번아웃 상태다.

몸의 체력이 떨어져 번아웃 상태에 이르렀을 때, 해결책은 몸의 체력을 보충시켜 주는 것이다. 이때 방법은 자신이 어떤 일을 하느냐에 따라 달라진다.

만약 온종일 사무실에 앉아서 하는 일을 주로 한다면, 쉴 때는 산책과 같은 가벼운 유산소 운동이나 근력 운동을 해 주는 게 좋다. 운동하면서 육체에 쌓인 피로를 날릴 수 있을 뿐만 아니라 기초 체력이 늘어 체력이 잘 떨어지지 않게 되기 때문이다. 반면 온종일 육체를 사용하는 일을 주로 한다면, 쉴 때는 앉거나 누워서 할 수 있는 취미를 즐기며 체력을 보충해 주는 것이 좋다. 예를 들면, 책을 읽거나 영화를 보는 등의 활동으로 에너지를 재충전하는 것이다. 육체노동을 하는 사람이 과도한 운동을 하면 오히려 체력이 더 고갈되기 쉬운 까닭이다. 이처럼 각자 자신의 라이프 스타일에 따라 몸의 체력을 채우는 방법을 선택해야 한다.

삶의 주도권을 잃었을 때

직장에서 기계 속 부품에 불과하다고 느껴져 힘들다면 번아웃을 의심해 보자. 삶의 주도권을 잃었다고 느낄 때 우리는 공허해지고 무기력에 빠진다. 공허감과 무기력의 늪에 빠져 있는데도 계속 방치하면 우울증이나 번아웃 상태에 이르기 쉽다.

이를 극복하기 위해서는 일 외의 활동에서 통제감과 성취감을 느껴야 한다. 우선 환경을 조성해 보자. 퇴근 후나 휴일에는 직장과 관련된 생각을 하지 않는다. 그리고 조용한 곳에서 가만히 앉아 가장 행복했던 기억을 더듬어 본다.

무엇을 했을 때 행복했는지를 되짚어 보면 아무런 보상없이도 했던 활동들이 떠오르기 시작한다. 결과와 상관없이 그 활동들을 하나하나 즐겨본다. 혹은 평소에 이유 없이 해보고 싶었던 활동이나 주변에서 친구들이 재밌다고 말해 준 활동도 좋다. 누군가의 지시에 따라서 하는 게 아니라, 자신의 의지를 갖고 하는 일이라면 무엇이든 좋다. 하루 이틀 정도의 시간을 확보하여 그 활동을 즐겨보자.

특히 무언가를 창조해내는 활동은 삶의 주도권에 대한 느낌을 되찾는 데 좋다. 글, 그림, 영상 무엇이든 상관없다. 콘텐츠를 만들어서 자신의 플랫폼에 꾸준히 업로드를 해 보자. 꾸준히 쌓이는 작업과 생산물들은 나중에 또 다른 선물이 되어 돌아올 것이다.

희망이 없다고 느껴질 때

많은 사람들이 성공을 거창한 것으로 생각한다. 누구나 손뼉 쳐줄 만한 대단한 업적을 성공이라고 여기기에 항상 성공에 대한 기준을 크게 잡는다. 결국 너무 어려워서 실패하고 만다. 거듭해서 실패감을 느끼면 희망을 잃고, 비관적

할 수 있을 때 하지 않으면 하고 싶을 때 하지 못한다

으로 변하게 된다. 자존감이 떨어져 한없이 초라해진다. 번아웃에 빠지게 된다.

그러니 번아웃에서 벗어나려면 성공에 대한 정의를 달리해야 한다. 대단한 업적이 아니라 사소한 성취에도 성공이라는 이름을 붙여야 한다. 그리고 그 작은 성취를 해내는 경험을 거듭해야 한다.

이때 가장 좋은 방법은 실패할 수 없을 정도로 아주 작게 목표를 세운 다음, 이를 하루의 루틴에 넣는 것이다. 예를 들면, '아침에 일어나서' '기지개 1번'을 한다든지 '저녁 식사 후'에 '산책 1분'을 하는 것이다. 항상 하는 루틴에 너무나도 쉬운 목표를 끼워 넣으면, 목표를 기억하기에도 좋고 심리적 저항감도 적어 쉽게 이룰 수 있다.

성공의 경험이 쌓이면 '나도 할 수 있다'는 자기 효능감이 생기고, 자존감이 높아지고, 희망이 생긴다. 그러면 번아웃은 저절로 사라진다.

갑자기 자신이 무기력해졌을 때, 번아웃이 아닌지 돌아보

자. 번아웃이라도 괜찮다. 그 기간이 그리 짧지 않았더라도 괜찮다. 하나의 행동만으로도 영원 같은 무기력에서 벗어날 수 있다는 것을 잊지 말자. 희망은 언제나 아주 작은 것에서 부터 시작된다.

부정적인 생각을 끊어내는 법

인간은 신기한 동물이다. 대부분의 동물은 할 수 없는 '상상'이라는 것을 할 수 있기 때문이다. 인류의 엄청난 문명들은 상상을 토대로 만들어졌고, 지금 우리가 누리고 있는 풍요로운 문명의 혜택 또한 인간의 흘러넘치는 상상에서 비롯되었다.

그러나 상상력은 양날의 검이다. 모든 것을 창조해내는 위대한 힘을 가졌지만 모든 것을 파괴하는 힘도 가졌다. 상상은 잘못 쓰이면 개인의 삶을 송두리째 파괴하기도 한다.

잘못된 상상은 파괴적이다

개인의 삶을 파괴하는 상상은 무엇일까?

타인의 의도를 멋대로 추측하는 상상이다. 지나친 상상은 관계를 파멸시킨다. 긍정적인 상상이나 부정적인 상상 모두 마찬가지다. 지나치게 긍정적인 상상은 상대에게 큰 기대를 품게 만든다. 큰 기대의 끝은 실망이며, 관계를 어긋나게 만든다. 부정적인 상상은 말 그대로 관계에 부정적인 영향을 준다. 현재의 의사소통 과정에서 서로를 오해하게 만들 수도 있고, 과거에 있었던 작은 일까지 멋대로 추측하게 하기도 한다. 이와 관련하여 일상에서 자주 일어나는 상황을 예로 들어보겠다.

당신은 친구와 만났다. 그런데 친구의 기분이 안 좋아 보인다. '혹시 나 때문인가?' 하는 생각이 들었지만 친구가 기분이 안 좋은 이유를 정확히 알 수는 없다.

친구와 함께 밥을 먹고 즐겁게 시간을 보낸다. 하지만 계속 찜찜하다. 친구는 당신에게 불만을 직접적으로 표출하지는 않았지만 여전히 표정이 안 좋아보인다.

시간이 지나 당신과 친구는 서로 인사를 하며 잘 헤어졌다. 당신은 집으로 돌아왔다. 친구의 표정과 말투가 계속 신경 쓰인다. 이렇게 메시지를 남겨본다.

'잘 들어갔어?'

답장이 온다.

'응.'

당신은 더 혼란스러워졌다. 친구의 단답에 여러 가지 감정이 밀려온다. '내가 무슨 잘못을 한 건가?' 하고 고민에 빠지고 상상의 나래를 펼치기 시작한다.

너무 많은 생각이 쓰나미처럼 몰려온다. 과거에 친구가 당신에게 했던 사소한 행동과 말들이 떠오른다. 그 행동들에 어떤 의도가 있었는지 살피게 되고 당신은 생각한다. '나는 잘해 주려고 노력했는데 상대는 그러지 않았어'라고. 서운함과 불만이 생긴다.

지금 친구는 어떤 상태일까?

당신에 대해서는 아무 생각이 없다. 그 친구에게 오늘은 당신을 만나서 즐거운 날이었다. 단지 회사에서 안 좋은 일이 있어서 표정이 좋지 않았던 것이었다. 당신이 자신에게 서운함을 느끼고 있다는 것을 꿈에도 모를 것이다.

아주 사소해 보이지만 잘못된 상상으로 인해 생겨나는 인간관계의 오해는 매우 많다. 너무 많은 상상은 나쁜 감정을 불러일으키고 이는 관계에 악영향을 준다. 그게 정확한 상상이든 잘못된 상상이든 말이다.

타인에 대한 지나친 상상을 멈춰야 한다. 우리는 상대가 아니기에 그들의 생각을 정확하게 예측하기 어렵다. 게다가 상상만으로도 기분이 안 좋아지기 때문에 손해가 너무 크다.

상대가 정말 당신 때문에 기분이 나빴을지도 모른다. 그렇다고 할지라도 상대에게 스스로 말할 기회를 주라. 그때 해결하면 될 일을, 관계를 망치지 않기 위하여 미리 신경 쓰다 오해하면 오히려 그르치기 쉽다.

할 수 있을 때 하지 않으면 하고 싶을 때 하지 못한다

우리에게는 그것보다 더 중요한 삶의 문제들이 산더미처럼 쌓여 있다. 그 문제들은 쉽지 않다. 그곳에 온 신경을 집중해도 모자랄 판에 사소한 것을 들먹이며 피곤하게 살 필요는 없다. 그러니 상상은 그만하고 지금 우리 앞의 일에 집중해 보도록 하자.

인생의 문제를 해결하는 가장 확실한 방법

'2021년 국민 도서실태' 조사에 따르면, 지난 1년간 일반 도서를 1권 이상 읽거나 들은 한국 국민은 전체 인구의 50%에 미치지 못했다고 한다. 1인당 종합 독서량은 4.5권에 불과했으며, OECD 국가 중 최하위 수준이었다.

영상을 통한 지식 습득이 가능해진 시대이기에 괜찮다고 생각할 수도 있다. 그러나 영상을 통해 얻는 지식과 활자를 통해 얻는 지식에는 극명한 차이가 있다. 전자는 빠르게 휘

할 수 있을 때 하지 않으면 하고 싶을 때 하지 못한다

발되지만, 후자는 오래도록 남는다. 활자를 통해 지식을 얻을 때 뇌가 훨씬 활발하게 움직이기 때문이다. 시대가 변해도 책을 통해 공부해야 하는 이유가 여기에 있다. 뇌를 많이 사용하여 제대로 독서하면 '문제 해결 능력'이 올라간다. 문제 해결 능력이 높아지면, 삶의 만족도가 올라간다. 전반적인 수행 능력이 좋아지고 관계의 질이 올라가기 때문이다. 삶에 대한 통제력이 생겨 자신감도 상승한다.

그렇다면 제대로 된 독서를 위해서는 어떻게 읽어야 할까? 책 읽기에 대한 오해를 풀고 제대로 읽는 방법 3가지를 소개해 보려고 한다. 유명한 멘토들도 언제나 강조하는 독서법들이다.

첫째, 선택하여 정독한다

사람들이 책을 읽지 않는 가장 큰 이유는 무엇일까? '시간이 많이 들 것 같아서'다. 상당수의 사람들이 시간이 많이 들 것 같다며 책 읽을 시도조차 하지 않는다. 이러한 생각이 드는 이유는 책을 처음부터 끝까지 전부 읽으려 하기 때문이다. 이는 비효율적인 독서법이다. 소설이나 시를 제외하면 우리는 문제 해결을 위해 책을 읽는다. 그러니 당장 해결하고 싶은 문제와 관련된 부분만 읽으면 된다. 먼저 책의 목차를 살피고, 자신의 문제를 해결해 줄 수 있는 챕터가 있는지 본 뒤, 그 챕터만 집중해서 읽는다.

'그렇게 읽으면 책을 읽은 게 아니지 않냐?'는 의문이 떠오를 수도 있다. 그러나 중요한 건 완독이 아니라 자신이 책 읽는 목적을 달성했는지다. 과감하게 필요한 부분만 읽어도 충분하다.

둘째, 반복해서 읽자

사람은 학습한 내용을 얼마나 기억할까? 기억을 연구한 독일의 심리학자 에빙하우스에 따르면, 20분만 지나도 절반에 가까운 기억이 사라진다고 한다. 1시간이 지나면 절반 이상의 기억이 사라지고, 한 달이 지나면 기억의 80% 정도

할 수 있을 때 하지 않으면 하고 싶을 때 하지 못한다

가 사라진다. 이처럼 시간이 따라 기억은 자연스럽게 소멸된다. 책에서 단 한 문장만 건져도 괜찮다는 말이 있을 만큼, 책의 내용을 거의 기억하지 못하는 건 당연한 일이라는 것이다. 만약 독서한 내용을 최대한 기억하고 싶다면 어떻게 해야 할까?

에빙하우스는 기억을 보존하기 위해서는 '반복 학습'만이 유일한 방법이라고 말한다. 책을 최소한 3번씩 읽는 것을 추천한다. 밑줄을 치며 읽는 것도 좋은 방법이다. 중요하거나 기억해야 할 부분들을 표시해두면 다시 읽을 때 시간을 단축시킬 수 있다. 표시한 부분 위주로 빠르게 읽어나갈 수 있기 때문이다. 시간이 지나 또 기억나지 않게 되면 그때 핵심만 빠르게 읽는다. 이런 방식으로 거듭하여 읽으면 지루하지 않으면서도 책의 정보를 오래도록 내 것으로 만들 수 있다.

셋째, 실생활에 적용해 본다

책은 간접경험을 제공해 준다. 그래서 책을 인생의 가이드 라인이자 공략집이라고 부르기도 한다. 그런데 만약 책을 읽고서 행동하지 않으면 어떤 일이 일어날까?

아무 일도 일어나지 않는다. 책에서 얻은 지식을 유용하게 쓰려면, 책을 읽고 나서는 반드시 행동으로 실천해야 한다. 직접 해 보면 생각보다 어렵게 느껴질 것이다. 간접경험도 직접경험에 버금갈 만한 힘을 가지고 있지만 실제로 능숙해지기 위해서는 시간이 절대적으로 필요하다. 운전 이론을 알고 있다고 해서 실제 운전을 능숙하게 할 수 있는 것과는 다르듯이 말이다.

선택해서 읽고, 반복해서 읽고, 읽은 것을 실천하는 이 세 가지 독서법을 이용해서 책을 읽으면 인생의 어떤 문제라도 해결할 수 있다. 인생이 어렵게 느껴지면, 책을 읽어보자.

할 수 있을 때 하지 않으면 하고 싶을 때 하지 못한다

제3장

시간은 결코
기다려주지 않는다

삶이 아니라 당신이 힘들게 만든 것이다

사회생활을 하다 보면 무례한 사람들을 많이 만나게 된다. 반말하거나, 명령조로 말하거나, 비웃거나, 강압적인 태도를 보이는 등 무례함도 가지각색이다.

안타깝게도, 살면서 무례한 행동을 하는 사람을 피할 방법은 없다. 그렇다면 이들을 만났을 때 어떻게 대처하면 좋을까?

의미는 자신이 만들어낸다

나는 세상이 내 편이 아니라고 여기며 남 탓, 환경 탓을 하면서 살아왔다. 그런데 어느 날, 잘못된 건 '세상'이 아니라 '나'였다는 사실을 깨닫게 되었다. "세상은 바뀌지 않는다. 바뀔 수 있는 건 오직 나 자신뿐이다"라는 문장을 어떤 책에서 읽고 난 뒤였다.

무례함도 마찬가지다. 무례함을 바꿀 수는 없지만 우리는 자기 자신을 바꿀 수는 있다. 즉, 그 무례함을 어떻게 받아들일지는 우리가 결정할 수 있다는 것이다. 이 원리를 이용하면 상대가 아무리 무례하게 대해도 웃으며 대처할 수 있다.

두 번째 화살을 피하라

우리는 '두 번째 화살'을 반드시 피해야 한다. '첫 번째 화살'은 원치 않은 일이 일어났을 때 바로 느껴지는 고통이고, '두 번째 화살'은 그 일을 머릿속으로 다시 떠올렸을 때 느껴지는 고통을 뜻한다.

할 수 있을 때 하지 않으면 하고 싶을 때 하지 못한다

우리가 상대의 무례함에 상처 입는 것은 첫 번째 화살에 맞은 것이다. 아픔은 이 첫 번째 화살로 끝내야 한다. 그 당시에 상대의 무례함에 상처받았고 기분이 나빴다고 하더라도 집에 와서는 잊어버려야 한다는 것이다. 집에 돌아와서도 그의 무례한 언행을 곱씹는 건 존재하지도 않는 두 번째 화살을 만들어 자신을 괴롭히는 어리석은 행동이다.

무례한 사람에게 대처하는 법

무례한 상대에게 복수하는 게 가장 속 시원한 방법이 아닐까 하고 생각할 수도 있다. 하지만 보복하면 당신에게도 피해가 생긴다. 사람은 무의식적으로 주변 사람에게 영향을 받기 때문이다.

무례한 사람을 계속 상대하다 보면 자신도 무례하게 변하게 된다. 의식적인 영역이 아닌 무의식적 영역에서 무례함이 번지는 탓에 당신의 마음 또한 점차 무례함으로 물들어버린다. 무례함에 마음이 물들면 다시 되돌리기 어렵다. 따라서 무례한 사람을 만났다면 최대한 엮이지 말고 피하는게 최선이다.

당신이 되갚아주지 않아도 무례한 사람은 결국 그 업보를 본인이 지게 되어있다. 당신에게 상처를 주었다면 높은 확률로 다른 사람들에게도 그랬을 확률이 높기 때문이다. 그러니 그냥 첫 번째 화살만 맞고 끝내라.

하루라도 빨리 시작하면 좋은 습관

'조금만 더 일찍 시작했더라면….'

가끔 이런 생각이 든다. 왜 이런 습관들을 더 빨리 만들지 못했을까 말이다. 인생에는 큰 변환점이 되는 습관들이 있다. 그 습관들을 얼마나 빨리 시작하느냐에 따라 인생이 달라진다.

원하는 게 있으면 체력부터 길러라

첫 번째 습관은 '운동'이다. 우리는 흔히 체력이 없으면 정신력으로 버티면 된다고 말하며 몸보다 마음의 자세를 더 중시한다. 그러나 인지심리학자들은 이 말이 완전히 틀렸다고 한다. 왜냐하면 정신력과 체력은 같은 에너지를 사용하기 때문이다. 그래서 체력이 부족하면 금세 피로를 느끼고 인내심이 적어진다. 빨리 편안한 것을 찾게 되고, 뭐든지 쉽게 포기하게 된다. 우리가 하는 모든 의사결정에는 정신력이 소모되기에 부족한 체력은 인생에 굉장한 치명타가 된다.

체력이 떨어지면 정신력도 떨어진다는 말을 뒤집어 보자. 체력을 기르면 정신력도 길러진다. 따라서 인생의 모든 면을 향상시키는 좋은 방법 중 하나는 체력을 기르는 것이며, 이는 꾸준한 운동을 통해 달성할 수 있다. 운동하는 습관을 만들어두면 특별한 상황뿐만 아니라 의사결정을 하는 모든 일상에도 큰 도움이 된다. 이루고 싶은 게 있다면 운동을 통해 체력부터 먼저 기르자.

할 수 있을 때 하지 않으면 하고 싶을 때 하지 못한다

책 한 권 한 권이 하나의 세계다

두 번째는 '독서'다. 책을 읽는 사람과 안 읽는 사람 사이에는 커다란 차이가 생긴다. 책에는 아주 기초적인 지식뿐만 아니라 인생 전반을 관통하는 지혜까지 모든 것이 들어 있기 때문이다.

책에는 수천 년간의 지식과 지혜가 응축되어 담겨 있다. 우리는 책을 통해 시공간을 뛰어넘어 위대한 멘토들에게 가르침을 받을 수 있기에 꾸준히 독서를 하다 보면 누구라도 현명해질 수 있다. 이것이 책의 힘이다.

그러나 우리는 귀가 아프게 독서의 중요성을 들어도 책을 잘 읽지 않는다. 습관이 들지 않아서 책 읽는 게 힘들기 때문이다. 그리고 독서 습관을 들이는 게 어렵다고 생각한다. 이때는 하루에 딱 한 페이지만 읽는다고 생각하고 접근하면 습관을 금방 만들 수 있다. 하루에 언제라든 좋다. 원하는 책을 딱 한 장씩만 읽어보자. 습관이 생기면 속도가 따라붙을 것이다. 책을 항상 가까이하고 친구처럼 대해 보자.

우리에게는 약간의 거리가 필요하다

세 번째는 관계에 약간의 '거리'를 두는 습관이다. 젊을 때는 마치 친구가 인생의 전부인 양 행동한다. 어떤 모임에도 빠지지 않으려고 애쓰며, 사람들과 만나는 시간을 아까워하지 않는다. 우정을 과시하며 친구들과 평생 함께하겠다고 맹세한다. 그러나 대개 이런 우정은 시간이 지나며 홀연히 사라지고 만다. 인간관계는 도대체 왜 이렇게 쉽게 부서지는 걸까?

사람은 변화하는 존재이기 때문이다. 과거의 당신과 현재의 당신은 완전히 다른 사람이다. 개인마다 어느 정도 차이는 있지만, 작게는 입맛부터 크게는 성격과 가치관까지 모두 변화한다. 그렇기에 과거에는 당신과 잘 맞았던 친구가 지금은 잘 맞지 않을 수도 있고, 지금은 당신과 잘 맞지 않는 친구가 나중에는 둘도 없는 친구가 될 수도 있다.

따라서 어떤 관계도 영원하지 않다는 사실을 빨리 받아들이고, 관계에 적당한 거리를 두는 습관을 들이는 것이 여러모로 인생에 유익하다. 타인에게 쏟을 시간을 자기계발에

할 수 있을 때 하지 않으면 하고 싶을 때 하지 못한다

써 보자. 지나치게 인간관계에 투입하던 에너지를 적당히 조절하여 자신에게 쓰면 많은 것을 이뤄낼 수 있다.

인간관계를 모두 끊어내라는 말은 아니다. 다만 적당한 거리를 두라는 것이다. 영원한 것은 자기 자신과의 관계밖에 없으므로 영원하지 않은 타인과의 시간에 모든 에너지를 쏟아내면 안 된다. 영원히 함께할 자신을 위해서도 에너지를 써주어야 한다.

어느 곳에서든지 주인이 되라

일어난 일에는 반드시 원인이 있다. 시험에 불합격한 이유는 절대적인 공부량이 부족했기 때문이다. 살이 찐 이유는 많이 먹었기 때문이다. 대부분 과실은 본인에게 있다. 마찬가지로, 인생이 풀리지 않는 이유 또한 자신에게 있는 경우가 많다. 따라서 남 탓이나 환경 탓을 하는 건 시간 낭비가 되기 쉽다.

할 수 있을 때 하지 않으면 하고 싶을 때 하지 못한다

'탓'이 의미 없는 이유

불과 몇십 년 전만 해도 무언가를 배우기 위해서는 그것을 알고 있는 전문가와 만나거나 심지어는 해외에 나가서 직접 배워와야 했다. 이것은 든든한 배경이 받쳐주지 않으면 어려운 일이었다. 하지만 요즘처럼 배울 기회가 많은 시대는 없었다. 정보가 많다 못해 넘친다. 인터넷 덕분이다. 누구나 마음만 먹으면 어디서든 저렴하게 전문 지식을 접할 수 있다. 앉은 자리에서 클릭 한 번으로 다양한 강의를 들을 수 있다.

그래서 요즘에 환경 탓을 한다는 건 굉장히 무의미한 일이다. 잘 살펴보면, 그냥 아무것도 하고 싶지 않은 것이었음을 발견하게 될 것이다.

모든 문제의 원인은 나에게 있다

모든 문제의 원인을 자신의 탓으로 돌리면 스트레스를 받을 거 같지만 그렇지 않다. 뭐든지 내 탓이라고 여기면 오히려 상황에 대한 통제감이 생기기 때문이다. 부정적인 상황이든 긍정적인 상황이든 마찬가지다. 오직 나에게 결과의 승패가 달려 있다고 생각하면 통제감이 느껴지고 이에 나 자신과 주변 상황을 통제하려는 의지가 생겨난다.

그러니 인생이 잘 풀리지 않아 무기력하다면, 남 탓이나 환경 탓은 멈추고 가장 먼저 내 탓을 해 보자. 해 봤자 변하는 게 없다는 무기력이 아닌, 내가 한 만큼 변할 수 있다는 도전 정신이 샘솟을 것이다.

알수록 인생은 간단해진다

인생이 잘 풀리지 않을 때 시도해 볼 또 다른 방법은 '배움'이다. 새로운 지식을 습득하는 것이다. 지식은 잠재의식에 차곡차곡 쌓이고, 융합되어 지혜가 되고 창의성으로 발현된다. 배움은 절대 손해 보지 않는 유일한 투자법이다.

이를 아는 사람은 많으나 실천하는 사람은 적다. 누구나 편한 것을 좋아하며 쉽게 게을러지기 때문이다. 그러나 그

할 수 있을 때 하지 않으면 하고 싶을 때 하지 못한다

욕구를 누르고, 성장하기 위해 지속해서 무언가를 배우고 실천하면 엄청난 열매를 맺을 수 있다. 특히, 무언가를 배우고자 할 땐 평소에 관심 있던 분야를 공부해 보는 것이 좋다. 그래야 도중에 포기하지 않고 오래도록 지속할 수 있다.

인생이 꼬였다는 느낌이 들 때, 딱 한 달만 배움에 시간을 투자해 보자. 점점 앞날이 풀리는 듯한 느낌을 받게 될 것이다.

사랑은 실천하는 것이다

인간은 두 가지 모드로 삶을 살아간다. '존재 모드'와 '소유 모드'다. 존재 모드로 사는 사람은 살아 숨 쉬는 것만으로 감사를 느끼며, 자신뿐만 아니라 다른 생명 즉 지구 만물이 존재하는 것 그 자체에 행복함을 느끼면서 산다. 반면, 소유 모드로 사는 사람은 물건이나 아이템을 모으는 데 큰 가치를 두며 산다. 더 많은 재산, 더 높은 명예나 학력, 더 아름다운 외모 등을 소유하려고 한다.

소유 모드로 사는 게 문제는 아니다. 대부분의 사람들은 소유 모드로 살아가며, 생존에 있어서 필요한 태도이기도 하다. 다만 문제는 소유 모드가 '사랑'에는 적용되지 않는다는 데 있다.

조건을 사랑할 수는 없다

소유 모드가 사랑에 적용되지 않는 이유는 무엇일까? 사랑은 아이템을 모으는 것과 같이 조건을 충족한다고 얻을 수 있는 게 아니기 때문이다. 누군가가 돈이 많고, 능력이 좋다고 해서 그를 사랑하게 되었다고 해 보자. 그 능력과 돈이 갑자기 사라지면 과연 그 사람을 끝까지 사랑할 수 있을까? 그것을 과연 사랑이라고 부를 수 있을까?

처음부터 조건 때문에 시작된 사랑이었으니 조건이 사라지면 사랑은 끝난다. 이것은 진짜 사랑이 아니다. 우리가 일반적으로 사랑이라고 부르는 것에는 '헌신'과 '희생'이 포함되어 있다.

희생은 소유한 것을 내어놓는 행동이다. 좋아하는 사람에게 무엇도 돌려받지 못하더라도 헌신하는 것이 사랑이다. 소유 모드라면 절대로 하지 않을 비이상적인 행동을 하는 것이 사랑이다. 그렇기에 소유 모드로만 사는 사람은 진정한 사랑을 할 수 없다. 사랑은 희생하고 헌신하는 행위를 통해서만 단단해지고 완성되기 때문이다.

당신이 사랑한 꽃은 들판에 널린 꽃과 다르다

"사랑은 그 자체로써 충분하다. 마치 목적을 두지 않고 방랑하는 그 자체가 즐거운 것처럼."

대문호 헤르만 헤세의 말이다. 그에게 사랑의 의미는 '존재'다. 그의 말처럼 그 자체만으로 의미가 있는 것이 사랑이다. 당신이 사랑하는 이와 함께 보낸 추억과 시간이 사랑이다. 그 사랑에 물질적인 탐욕과 소유욕이 끼어들 틈은 없다. 순수함 그 자체가 사랑이다. 따라서 존재 자체로 행복할 수 있는 존재 모드로 삶을 살아갈 때 우리는 비로소 사랑할 수 있다.

존재 모드로 사랑하는 건, 무언가를 채우고 얻어야 하는 소유 모드와 달리 먼저 내어주는 것이다. 자신의 기쁨과 관심, 그리고 시간을 주는 것이다. 당신이 사랑한 꽃은 저기 들판에 널린 꽃들과 다르다. 당신은 들판에서 마음에 드는 꽃을 선택해 물을 주고 쓰다듬어 주었다. 당신의 정성과 시간을 내어주었다. 그 꽃을 지키고 가꾸며 시간을 보낼 동안 사랑은 만들어지고 쌓인다. 그 시간이 길어질수록 사랑은 깊어진다. 그 깊어진 의미와 사랑 때문에 그 꽃은 더 이상 흔하게 널린 들판의 꽃이 아니게 된다. 바로 당신만의 꽃이 되는 것이다. 이것이 진짜 사랑이다.

사랑은 그저 주는 것이다

결론이다. 사랑은 주는 것이다. 감정에 빠지는 게 아니라 사랑하기 때문에 상대를 위해 실천하는 것이다. 사랑하고 싶다면, 먼저 사랑을 내어주면 된다. 자신의 기쁨과 관심,

그리고 시간을 주어라. 관심을 주고 상대를 풍요롭게 하면 사랑이 시작된다.

사랑에는 또 다른 사랑을 부르는 속성이 있다. 사랑을 주면 저절로 사랑이 온다. 그렇게 사랑은 서로를 채워주는 행위가 된다. 이기적인 마음이 낄 틈은 없다. 서로를 존중하면서 관심과 애정을 주는 것이 이상적이고 성숙한 사랑이다.

사랑을 하고 싶다면 조건을 따지기보다는 관심을 주고 싶은 사람을 찾아보자. 먼저 관심과 사랑을 내어주고 상대가 마음을 열어줄 때까지 기다리자. 상대가 마음을 열어준다면 기꺼이 사랑하면 된다. 사랑을 쟁취 대상으로 보는 소유 모드가 아닌, 존재함으로써 사랑하는 존재 모드로 다가갈 때, 비로소 진짜 사랑이 시작될 수 있다.

호의가 권리가 되지 않게

"그 사람 착해"라는 말은 칭찬이 아니다. 사회에서 착한 건 기본이기 때문이다. 마구잡이로 타인을 공격하는 사람은 공동체 생활을 이어 나갈 수 없기에 착하게 대하는 건 사회적으로 상호 간에 지켜야 할 당연한 약속이다.

따라서, 착한 건 당연한 것이고 당연한 건 매력이 될 수 없다. 그러니 착한 것을 자신의 큰 장점이라고 생각하며 그 외에는 아무것도 내세울 게 없는 사람이 되어서는 안 된다.

이는 아무런 매력이 없는 사람이라는 말과 같다.

착한 척은 오래 못 간다

어떤 사람들은 이 사실을 모른 채 인기를 끌기 위해 착한 사람인 양 연기를 한다. 그러나 착한 '척'하는 건 어렵다. 사회적 동물인 인간은 상대의 표정과 의도를 정확하게 파악해야만 살아남을 수 있었기에, 오래전부터 상대의 기분이나 분위기를 귀신같이 포착해내는 직감을 발달시켜왔기 때문이다.

착하다는 건 특정한 행동이나 말이기보다는 그 사람의 바탕에 잔잔하게 깔리는 배경음악과 같은 성격적인 특성이다. 그래서 이를 연기하면 인간의 예리한 직감 레이더에 덜미를 잡히고 만다. 설령 연기의 귀재라서 처음에는 감쪽같이 상대를 속일 수 있을지라도, 에너지가 많이 드는 일이기에 금세 밑천이 바닥나 본성을 들키고 만다.

할 수 있을 때 하지 않으면 하고 싶을 때 하지 못한다

강한 사람만이 착할 수 있다

그렇다면 진짜 착한 건 무엇일까? 한마디로, 힘이 있을 때 착한 것이 진짜 착한 것이다. 힘이 있는데 타인에게 함부로 굴지 않고 친절하게 구는 건 어려운 일이다. 인간에게는 누군가에게 권력을 행사하고 싶은 욕구가 있기 때문이다. 그런데도 자신의 힘을 억제하고 통제하여 필요할 때만 쓰는 건 대단한 일이다. 따라서 자신의 힘을 남용할 수 있음에도 불구하고 이를 통제하여 타인을 배려하는 게 진짜 착한 것이다.

억지로 상대의 눈치를 보느라 착한 척하는 약한 사람들은 진짜로 착한 게 아니다. 자신의 생존과 이익을 위해 어쩔 수 없이 취하는 전략일 뿐이다. 이들은 상대의 힘을 알 수 없을 때는 착하게 굴지만, 서열이 정리되어 자신의 힘이 더 크다는 것을 알게 되거나 혹은 힘이 세지는 위치에 가게 되면 본모습을 보일 확률이 높다. 일시적이고 상대적으로 착한 사람은 진짜 착한 사람이 아니다.

그래서 강한 사람만이 진짜 착할 수 있다. 이러한 이유로,

강한 사람에게만 착한 성격은 매력이 될 수 있다. 어쩔 수 없이 착한 게 아니라 자신의 의지로 사람들을 배려하고 맞출 때 착한 성격은 비로소 빛이 난다.

미움받을 용기가 있을 때

상대를 배려하는 행동이 나쁘다는 건 아니다. 다만 누군가가 무조건적으로 배려한다고 해서 그 사람이 착한 사람이라는 증거는 아니며, 그러한 배려가 반드시 매력 포인트가 되는 것도 아니라고 말하는 것이다. 게다가 상대에 대한 지나친 배려는 자신을 존중하지 않는 행위가 될 수도 있기에 주의해야 한다. 타인의 부탁을 거절할 줄 모르고 항상 타인을 자기 앞에 두면 나중에는 모두에게 무시당하게 된다.

자신의 시간과 자원을 고려하지 않은 채 남의 부탁을 다 들어주고 거절하지 않는 건 내면의 두려움 때문이다. '미움받으면 어쩌지?' 하고 사랑받지 못할까 두려워 타인의 무리한 부탁도 거절하지 못하는 것이다. 하지만 그럴수록 무시

할 수 있을 때 하지 않으면 하고 싶을 때 하지 못한다

당하고 미움받게 된다. 그 사실을 인정하고 스스로 강해져야 한다.

다시 말하지만 착한 건 매력이 될 수 없다. 강함을 기반으로 할 때만 의미가 있고 매력이 된다. 착하게 살수록 호구 대접을 받는다고 속상해만 하지 말고 한번 자신을 잘 살펴보자. 정말 상대를 위해서 한 것인지, 아니면 상대의 눈치를 보고 한 것인지 말이다.

우울감에 발목 잡히지 마라

21세기는 우울의 시대라고 불러도 과언이 아니다. 우울증이 마음의 감기라고 불릴 정도로 흔해졌고 주변만 살펴도 우울한 사람이 부지기수다. 그런데 살결에 와닿는 우울감을 우리는 잘 모른다. 그러나 가벼운 감기에 걸렸을 때도 제대로 휴식하고 치료하지 않으면 큰 병이 되듯, 얕은 우울감도 깊어지면 문제가 커진다. 따라서 우리는 우울감에 대해 잘 알아두어야 한다.

할 수 있을 때 하지 않으면 하고 싶을 때 하지 못한다

때로는 우울해야 한다

'우울감'의 사전적 정의는 '마음이 답답하거나 근심스러워서 활기가 없는 감정'이다. 우울감은 기분의 저하와 함께 사고를 느리게 하고, 무언가를 하고자 하는 동기나 무언가에 대한 열망, 그리고 신체 활동 등의 전반적 기능을 떨어트린다. 하지만 우울감이 든다고 바로 겁먹을 필요는 없다. 우울감은 자연스러운 감정이며, 누구나 때때로 우울해지기 때문이다. 게다가 우울감은 꼭 필요한 감정이기도 하다.

우울감은 우리에게 쉴 타이밍을 알려주기 때문에 중요하다. 심리학자들은 우울감을 '일상의 행복을 다시 찾으라고 몸과 마음이 보내는 신호'라고 본다. 만약 우울하다면, 지금이 바로 쉬어야 할 때라는 것이다.

그러나 우울감을 무시한 채로 계속 쉬지 않고 일상의 생활을 지속하면 문제가 생긴다. 우울감이 지속되면 부정적인 생각이 동반되기 때문이다. 부정적인 생각은 하면 할수록 짙어진다. 점점 더 부정적인 생각의 굴레에 갇히게 되고 우울감이 더욱 심해진다. 이런 마음 상태는 무기력을 만들고 제대로 된 수면까지 방해하여 또다시 몸과 마음에 악순환을 만든다.

그래서 우울할 땐 반드시 잠깐 쉬면서 몸과 마음의 체력을 다시 충전해 주어야 한다. 그래야 상쾌한 기분으로 일상을 시작할 수 있다.

짙은 우울감과 얕은 우울감

우울감의 정도에 따라 대처법은 달라진다. 얕은 우울감의 경우, 적극적인 휴식을 이용하는 게 좋다. 예를 들어 격렬한 운동을 하거나 친구들이랑 만나서 수다를 떨며 기분 전환을 하는 것이다. 재미있는 게임을 하거나 웃기는 영상을 시청하거나 자연 속을 산책하는 방법도 있다.

짙은 우울감의 경우에는 몸을 움직이는 것 자체가 힘들 수 있다. 작은 것도 하기 힘들기에 최소한의 노력으로 최대한의 기쁨을 얻는 활동을 하는 게 좋다. 예를 들면, 울적한

할 수 있을 때 하지 않으면 하고 싶을 때 하지 못한다

기분을 가볍게 글로 써 내려가 보는 것이다. 글을 쓰는 것만으로 감정의 일부가 해소된다. 또한 글로 감정을 정리하다 보면 엉켜있던 부정적인 생각들과 거리를 두게 되고 상황을 명료하게 볼 수 있는 눈이 생겨 해결책을 찾는 데 도움이 될 수 있다.

그동안 사두고 읽지 않았던 책을 읽는 것도 좋다. 책을 통해 다른 사람들의 인생을 간접경험하다 보면 공감이 되어 위안받기도 하고, 생각하지 못했던 새로운 방법을 발견하게 될 수도 있다.

동굴에 갇혀있지 마라

우울감이 들 때 제일 하지 말아야 하는 행동은 인간관계를 축소시키는 것이다. 우울감에 빠지면 스스로 고립을 선택하는 경우가 많다. 끊임없이 반복되는 부정적인 생각이 자신감과 자존감을 떨어트려 다른 사람을 회피하게끔 만들기 때문이다. 그러나 주변의 관계를 끊으면 우울은 더더욱 심화된다. 고립이 우울을 더 짙게 만드는 까닭이다.

우울할 때는 오히려 주변 사람들에게 더욱 다가가 보는 것이 좋다. 나를 평가하거나 판단하지 않는 사람들에게 도움을 요청하고 지지를 받아보자. 친한 사람들과 만나는 시간을 충분히 가져보자. 잡담 또한 좋은 방법이다. 마음이 통하는 지인과 만나서 나누는 대화는 우리에게 행복감을 주고, 우울에서 벗어날 힘이 되어준다.

할 수 있을 때 하지 않으면 하고 싶을 때 하지 못한다

당신의 말이 당신을 정의한다

하소연을 많이 하는 사람들이 있다. 실제로 그들이 안타까운 환경에 놓여있는 경우도 있지만 아주 심각한 문제가 있는 경우는 드물다. 그러나 그들은 자신이 세상에서 '제일' 불쌍한 것처럼 말하며 사람들의 위로를 받는다.

하소연을 통해 일시적으로 사람들의 따뜻한 마음을 받아갈 수는 있지만 안타깝게도 그들은 하소연 때문에 관계를 망친다. 이유는 간단하다. '무의식' 때문이다.

당신의 말은 곧 당신이다

인간의 무의식은 삶에 많은 영향을 끼친다. 관계에 관한 생각도 의식보다는 무의식에 영향을 많이 받는다. 무의식은 무엇이든 곧이곧대로 받아들이는 경향이 있다. 만약 상대에게 내가 불쌍하다고 하소연하면, 상대의 무의식 안에서는 나는 '불쌍한 사람'이 되어 버린다. 이는 어떤 환경이든 상관이 없다.

무의식으로 인해 어떤 합당하거나 논리적인 이유 여부와 상관없이 하소연하는 사람은 그냥 불쌍한 인간이 된다. 이는 상대에게 아주 부정적인 느낌을 주고 결국 관계에 나쁜 영향을 준다.

무의식에 한번 박힌 건 다시 빼내기 힘들기 때문에 인간관계를 잘하고 싶다면 습관적으로 하소연하거나 자기혐오 발언을 하는 행위는 삼가야 한다.

인간관계가 힘들다면 혹시 내가 하소연을 입에 달고 살았던 건 아닌지 점검해 보자. 그 대신 하소연을 하고 싶어질

할 수 있을 때 하지 않으면 하고 싶을 때 하지 못한다

때는 가벼운 이야기로 대신해 보자. 그렇게 하면 커다란 노력 없이 인간관계가 많이 개선될 것이다. 부정적인 느낌을 심어주던 하소연과는 대조적으로, 긍정적인 느낌을 무의식에 심어주기 때문이다.

모든 사람과 잘 지내려 하지 마라

우리는 갈등 없이 모두와 두루두루 잘 지내는 것을 '사회생활을 잘하는 것'이라고 여긴다. 그러나 이는 잘못된 신념을 주입받아온 탓이다. 모든 사람과 잘 지낼 필요는 없다. 우리에게 주어진 시간과 에너지는 한정적이기 때문이다.

관계, 직업, 건강, 취미 등 우리에게는 살면서 성취하고 유지해 나가야 할 수많은 것들이 있다. 우선순위가 없다면 에너지는 분산되고 어떤 일도 잘 해낼 수 없고, 어떤 관계도

할 수 있을 때 하지 않으면 하고 싶을 때 하지 못한다

잘 유지할 수 없으며, 어떤 의미 있는 성과도 낼 수가 없다.

게다가 모든 사람과 잘 지내는 사람은 이 세상에 존재하지 않는다. 아무리 친화력이 좋은 사람도 어떤 사람들에게는 미움받게 마련이다. 인간이 맺을 수 있는 적정한 사회적 관계는 분명 한계가 있고, 개인마다 그 수치도 차이가 난다.

얕고 넓은 관계와 좁고 깊은 관계

그럼에도 불구하고, 일반적으로 사람들은 친구가 더 많은 사람일수록 사회성이 더 좋고 더욱 매력적일 거라고 생각한다. 그런데 정말 상대적으로 적은 수의 관계를 맺고 있는 사람이 상대적으로 더 많은 수의 관계를 맺고 있는 사람보다 사회성이 더 낮고 매력이 없다고 볼 수 있을까?

사실, 친구가 많다고 사회성이 더 좋거나 더 매력적이라고 말할 수 있는 근거는 없다. 100명의 친구를 두었다고 생각할지언정, 100명 전부가 그 사람을 정말 매력적이라고 느끼고 좋아하는지는 정확히 알 수 없기 때문이다. 또한 다른 이유로 그와 친하게 지낼 수도 있으며 실제로는 친하다고 생각하지 않을 수도 있다.

관계의 질적인 측면에서는 어떨까? 친구가 더 많을수록 좋은 관계를 맺고 있을까? 오히려 더 적은 수의 친구를 가진 사람이 관계의 질이 높을 가능성이 크다. 예를 들어, 10명의 친구와 관계를 맺는다면 그 10명에게 최선을 다할 수밖에 없다. 에너지는 집중되고 관계는 더욱 돈독해진다. 반면, 100명의 친구 모두와 신뢰를 쌓을 만한 시간과 에너지를 가지고 있는 사람은 없다. 모두를 신경 쓰다가는 모두와 깊은 관계를 맺지 못하게 된다.

이 두 유형 중에 누가 더 낫다고 말할 수는 없다. 사회 통념의 오류를 짚어보기 위해서 두 사례를 이야기해 본 것이다. 더 많은 수의 친구를 둔 사람이 더 매력적이고 사회성이 좋고 관계가 좋을 것이라는 프레임의 오류 말이다. 많은 사람들이 SNS의 팔로워와 구독자 그리고 '좋아요' 수에 집착하는 것도 이런 맥락과 연관성이 깊다. 이러한 사회적 편견

할 수 있을 때 하지 않으면 하고 싶을 때 하지 못한다

때문에 모두와 잘 지내려고 노력할 필요는 없다.

모든 사람과 잘 지낼 필요는 없다

모든 사람과 잘 지낼 필요가 없는 두 번째 이유는 당신의 배려는 싸구려가 아니기 때문이다. 당신을 존중하지 않는 사람에게 배려해서는 안 된다. 그것은 당신을 소중하게 생각하지 않는 행동이다.

한 사람의 배려와 존중은 생각보다 더 엄청난 가치를 가지고 있고 마땅히 고마워해야 할 것이다. 누군가에게 선행을 베푸는 일은 절대 쉽지 않기 때문이다. 그런데 이 귀한 친절을 아무에게나 남발하면, 희소성이 사라져 누구도 당신의 배려에 고마워하지 않게 된다.

그러니 사람을 가려서 친절을 베풀자. 이는 당신을 지키는 든든한 방패가 되어줄 것이다. 당신의 유한한 삶에서 나오는 친절함은 희소성과 가치가 있다. 그런 중요한 자원을 아무에게나 막 퍼주어서 싸구려로 만들지 말자.

이기심을 버리고 타인을 위한 행동을 서슴없이 하는 사람은 그야말로 이 세상을 빛으로 물들이는 존재다. 다만 그 빛을 받는 사람 또한 유한하다는 점을 인정해야 한다.

당신의 미소와 친절을 받을 만한 사람의 자격은 무엇인가? 바로 타인을 존중하고 타인에게 감사할 줄 아는 사람이다. 선한 마음이 얼마나 큰 보물인지 그 가치를 제대로 알고 있는 사람에게만 그렇게 대하라.

할 수 있을 때 하지 않으면 하고 싶을 때 하지 못한다

최고의 모습을 기대하는 사람만 만나라

자신과 가장 친한 사람 다섯 명의 합이 자기 자신이라는 말이 있다. 우리는 서로 비슷한 사람들과 친구로 지낸다는 뜻이기도 하고, 동시에 어울리는 사람들과 점점 닮아간다는 뜻이기도 하다.

따라서 어떤 친구와 어울리느냐에 따라 인생이 달라진다고 해도 과언이 아니다. 친구의 미래가 당신의 미래가 될 확률이 높기 때문이다. 그러므로 누구와 어울리느냐는 생각보다 매우 중요하다.

좋은 친구를 구분하는 방법

관계를 맺고 있는 사람들은 서로 영향을 미친다. 좋은 친구도 나쁜 친구도 모두 당신에게 영향력을 끼치고 있다. 둘의 차이는 긍정성과 부정성이다. 당신에게 긍정적인 영향을 끼치고 있는 사람은 좋은 친구고, 나쁜 친구는 당신에게 부정적인 영향을 주고 있는 친구다.

이를 가려내는 간단한 방법이 있다. 친구에게 '나쁜 소식'과 '좋은 소식'을 전달해 보면 된다.

먼저 친구에게 나쁜 소식을 전달해 보자. 나쁜 친구는 당신의 실패를 기뻐할 것이다. 당신이 실패하고 잘되지 않으면 그는 누구보다 기뻐한다. 다만 겉으로는 티 내지 않고 위로해 주는 척 당신과 술을 마시고 시간을 보낼 것이다. 하지만 묘하게 기분 좋은 표정은 숨길 수 없다. 이런 친구에게 위로를 받으면 오히려 더 비참해진다.

반면 좋은 친구는 당신을 따뜻하게 위로해 줄 것이다. 그리고 당신을 어떻게든 배려하려고 애쓸 것이다. 그 따뜻한 마음을 느낀 당신은 비참함을 느끼는 대신 희망을 느끼게 될 것이다.

다음으로는 좋은 소식을 전달해 보는 것이다. 당장 헤어져야 할 친구는 어떤 반응을 보일까? "그거 누구나 하는 건데? 그게 뭐 대수야" 하며 당신의 성공을 비웃을 것이다. 당신의 노력을 누구나 할 수 있다는 식으로 깎아내리기 바쁘다.

그는 자신의 열등감과 속내를 숨기기 위해 장난이라고 하며 본심을 가리려고 할 것이다. 나쁜 친구는 당신의 기쁜 소식을 모호한 태도로 맞이한다. 만약에 그에게 화를 낸다면, 그는 장난인데 왜 그러냐는 식으로 당신을 오히려 이상한 사람 취급할 것이다.

반대로 좋은 친구는 누구보다 기뻐할 것이다. 정말 잘됐다며 자기 일처럼 기뻐하고 축하해 주며, 기쁨 외의 다른 감정은 보이지 않을 것이다.

좋은 사람에게만 좋은 사람이면 된다

당신을 끌어내리고 싶어하는 패배자들과 어울리지 말자. 그들은 나쁜 친구다. 그들은 당신의 실패를 언제나 바라고 있으며, 자신처럼 당신도 아무 노력 없이 살기를 바랄 뿐이다.

본인이 노력하고 싶진 않지만 당신이 성장하는 게 싫은 것이다. 이는 열등감과 무기력에서 비롯된 마음이다. 당신이 조금이라도 잘된다면 그들은 시기와 질투심으로 어떻게든 당신의 발목을 붙잡고 늘어지려고 할 것이다.

그들은 당신에 대한 헛소문을 퍼트리고 공격하고 괴롭힐 것이다. 이는 직간접적으로 당신에게 부정적인 영향을 끼친다. 이런 친구와 인연을 맺고 있는 것만으로도 당신의 삶은 부정적인 사건들로 가득해진다. 당신이 방심한 사이, 친구라고 생각했던 사람은 어떻게든 당신을 곤란하게 만들기 위해 함정을 파놓는다. 당신은 무력해질 것이다.

할 수 있을 때 하지 않으면 하고 싶을 때 하지 못한다

"너네는 그렇게 살아라. 나는 떠나겠다." 당신은 이렇게 외쳐야 한다. 이런 행동은 당신이 누려야 할 당연한 권리이자 자기 삶에 대한 책임이다. 나쁜 친구들과 인연을 끊고 앞으로 나아가야 한다.

삶은 시련 그 자체다. 삶이 주는 시련을 헤쳐 나가기도 바쁜데 그 속에서 무기력과 타인에 대한 시기, 질투는 끼어들 틈이 없다. 당신은 당신에게 용기를 주는 사람들과 어울려야 한다.

최고의 모습을 기대하는 사람과 어울리자

당신의 비참한 모습을 보고 싶어 하는 나쁜 친구들을 정리한 뒤에 혼자가 됐다고 하더라도 개의치 말자. 친구라는 가면을 쓴 허울뿐인 관계였을 뿐이니. 오히려 당신을 속박하던 족쇄가 풀어진 것이다.

그로 인해 남는 시간 동안 목표했던 일들을 차근차근 달성해 보자. 작은 성공이 쌓이다 보면 이를 축하해 주는 좋은 친구들이 당신의 주변에 모이게 될 것이다.

그렇게 당신에게 최고의 모습을 기대하는 사람들과 함께 하자. 서로 끌어주고 성장하며, 그 모습에 함께 기뻐하는 관계를 만들어가야 한다. 우리는 결국 주변에 있는 사람과 닮게 되기에 서로 윈윈하는 관계를 선택해야 한다.

할 수 있을 때 하지 않으면 하고 싶을 때 하지 못한다

때로는 모르는 척하는 게 낫다

모르는 척하는 건 인간관계에서 매우 중요한 기술이다. 아는 척하는 것보다 아무것도 모른다는 식으로 넘어갈 때 꽤 많은 이점이 있기 때문이다.

그러나 많은 사람들이 모르는 척하면 나쁜 이미지가 생길까 봐 기를 쓰고 아는 척을 해서 되려 손해를 보고 만다. 하지만 아는 척해서 손해 보는 일은 많지만, 모르는 척해서 손해 보는 일은 아주 적다.

험담은 전해 줄 수 없다

간단한 예를 들어보자. 당신의 친구 A가 B라는 친구를 험담했다고 해 보자. 그 자리에 당신이 있었고 험담을 들었다. 당신은 A가 B를 싫어한다는 사실을 알게 됐다. 그런데 그후에 당신은 우연히 B와 단둘이서 대화하는 시간을 가지게 됐다. B는 당신에게 A가 자신을 싫어하는 거 같다고 털어놓는다. 여기서 어떤 행동을 취할 것인가? A가 B를 싫어한다는 사실을 전할 것인가 아니면 그냥 이야기 화제를 돌려 얼버무릴 것인가?

올바른 선택은 후자다. 그 이유는 두 가지다. 첫 번째는 B가 험담한 사실을 A에게 사실대로 전하는 일로 당신도 그 일에 얽히기 때문이다. 단순히 험담을 '전해 준다'고 생각하면 안 된다.

앞에서 못 할 얘기는 뒤에서도 하지 말자

당신이 직접 험담하지 않았다고 할지라도, 그 험담 현장

할 수 있을 때 하지 않으면 하고 싶을 때 하지 못한다

에 있었고 다른 사람에게 그 험담을 전달하는 순간 당신은 가해자이자 참여자가 된다. 이는 스스로 관계를 복잡하게 끌고 가는 행동이다.

관계는 언제 어떻게 변할지 모른다. A와 B의 사이가 다시 좋아질 수도 있다. 험담을 전달한 그 행동은 시간이 지나서 당신에게 비수가 돼서 돌아올 수 있다. 만약 B가 당신에게 험담을 전해 듣고 나서 A와 이야기해서 서로 잘 풀었다고 생각해 보자. 잘된 일이지만 당신은 두 사람 모두에게 신뢰를 잃어버리는 최악의 상황에 직면하게 된 것이다.

따라서 험담의 사실을 모르는 척하는 게 최선의 방법이다. 자신이 직접 연계된 것이 아니라 제3자인 경우, 문제가 벌어졌을 때 굳이 나서서 아는 척을 하지 말자. 도움이 되지도 못할 뿐만 아니라 오히려 갈등을 키울 수도 있고, 자기 얼굴에 먹칠을 하게 될 수도 있다.

그들이 인기 있는 이유

모르는 척 잘 넘어가는 사람을 보고 우리는 능구렁이 같다고도 한다. 이들은 별 볼 일 없는 사람같이 보여도 항상 인기가 많다. 그들의 인기 비결은 무엇일까?

그들은 상대가 알고 있는 이야기를 하더라도 모르는 척하고 경청해 준다. 사실, 우리가 이야기하는 목적은 사실 전달보다는 이야기를 하는 그 자체에 있는 경우가 많다. 서로 대화를 주고받는 과정 안에서 우정과 사랑을 쌓아가기 위함인 것이다. 능구렁이 같은 이들은 이러한 사실을 잘 파악하고 있다. 그래서 상대가 같은 얘기를 해도 모르는 척 잘 들어준다. 잘 들어주는 것만큼 좋은 대인관계 기술은 없기에 관계는 저절로 개선되고 유지된다.

그들 특유의 융통성도 매력적이다. 그들은 상대에게 거부감을 주지 않는다. 뭐든지 받아줄 거 같고 의지할 수 있을 것만 같은 느낌을 준다. 또한 모든 걸 털어놓아도 약점을 잡거나 동네방네 떠들지 않을 거 같아서 옆에 항상 사람들이 북적북적하다.

할 수 있을 때 하지 않으면 하고 싶을 때 하지 못한다

능구렁이와 정반대 성격을 가진 예리하고 정직한 사람은 생각보다 인기가 없다. 똑 부러지게 일 처리를 잘하는데도 오히려 미움받거나 무리에서 배척당하기 일쑤다. 너무 정직하기 때문이다. 그들에게 아는 얘기를 하면 저번에 이미 했다는 대답이 돌아온다. 이 외에도 지나치게 정직해서 무엇이든 적당히 넘어가는 일이 없다. 처음에는 올곧은 모습에 다가가게 될지는 몰라도 계속 지내다 보면 피곤해진다. 결국에는 그들을 피하게 된다.

'옳은' 사람보다 '착한' 사람이 되자

능구렁이 유형에도 단점이 있다. 그와 반대인 예리하고 정직한 유형에도 장점은 있다. 능구렁이 같은 사람은 이것도 좋고 저것도 좋은 사람이라 비즈니스 부분에서는 신뢰를 잃기 쉽고, 예리하고 정직한 사람들은 비즈니스에서 두각을 보인다.

그렇지만 인간관계에 있어서는 모르는 척 넘어가는 능구

렁이처럼 처세하는 게 훨씬 유리하다. 대부분의 사람은 옳은 사람보다 착한 사람을 좋아하는 까닭이다.

가장 좋은 방법은 가까운 지인이나 가족에게는 능구렁이처럼 굴고 비즈니스에서는 정직하고 예리한 사람이 되는 것이다. 다양한 페르소나를 가지고 대상에 따라 다르게 대하는 것이다. 그게 어렵다면, 최소한 아주 가까운 사람에게만은 옳음보다는 착함을 앞세워보도록 하자. 관계가 훨씬 돈독해질 것이다.

할 수 있을 때 하지 않으면 하고 싶을 때 하지 못한다

분노는 자신을 지키는 무기다

화를 무조건 참는 게 과연 좋을까? 그렇지 않다. 화를 참는다고 화가 사라지지는 않기 때문이다. 잠깐의 흥분은 가라앉을 수 있으나 화의 부정적인 감정은 당신 안에서 계속 맴돌며 나쁜 영향을 끼친다. 그렇게 쌓이고 쌓인 화는 언젠가 터지고 만다. 그 화가 터질 때 사람들은 말한다.

"갑자기 왜 그래? 너답지 않아."

실컷 당신의 화를 돋우던 사람들은 당신의 화를 이해하지 못한다. 계속 잘하다가 한 번 잘못하면 나쁜 사람으로 보고 계속 못 하다가 한 번 잘하면 좋은 사람으로 보는 게 마음의 법칙이라 그동안 화를 꾹꾹 참아온 당신은 보이지 않고 크게 한 번의 화를 터트린 장면만 각인된다.

화를 내야 하는 이유는 간단하다. 당신을 위해서다. 화를 참아서 좋을 게 하나도 없다. 이제부터 화를 내는 올바른 방법에 관해 이야기해 보겠다.

화낼 줄 모르는 착한 사람

나는 화를 내면 안 되는 줄 알고 살아왔다. 정확히 말하자면 부정적 감정을 표출하면 안 된다고 생각했다. 사람들이 그런 나를 싫어할까 봐 두려웠다. 그래서 싫어도 싫다고 말하지 못했다. 화날 만한 일에도 화를 꾹 참으며 주변 사람들에게 잘하려고 노력했다.

그런데 무작정 화를 참는 건 역효과를 불러왔다. 나의 호불호를 드러내지 않으니 쉽게 이용당했다. 어떤 사람들은

할 수 있을 때 하지 않으면 하고 싶을 때 하지 못한다

자신의 요구를 거절하지 않고 정당한 화를 내지 않는 나를 호구라고 부르며 실컷 이용하기도 했다. 이유 없는 미움을 받은 적도 있었다. 세상에는 이유 없이 공든 탑을 발로 차 버리는 이상한 사람들이 많았다.

결국 깨달았다. 만약 내가 참으면 그들을 나를 더욱 신나게 이용하고, 나의 탑을 더욱 신나게 찰 거라는 것을. 나는 화를 내야 했다. 화를 참는 건 나 자신에게 못할 짓을 하는 것이며, 적당히 화를 내야만 나를 지킬 수 있다는 것을 그제야 깨달았다.

이때 화를 내라는 말은 화가 느껴질 때마다 소리를 지르고 표출하라는 뜻이 아니다. 자신이 부당한 대우를 받고 있음이 자명할 때, 분노를 표현해야 한다는 것이다. 그렇지 않으면 자신을 지킬 수 없기 때문이다.

나를 지키는 무기로 화를 사용하라

분노는 불같다. 그래서 위험하다. 그러나 불은 추위와 맹수로부터 자신을 지키는 무기가 되어주기도 한다. 우리는 분노를 '남을 파괴하는 무기'가 아닌 '나를 지키는 무기'로써 지혜롭게 사용해야 한다. 나를 지키는 무기로 분노를 사용한다는 것은, 부당한 일을 겪을 때와 같이 화가 나는 상황에서 참지 말고 기분이 나쁘다고 표현하는 것이다.

아주 단순한 일이지만 이것조차 어려워하는 사람들이 있다. 전체 분위기를 흐릴까 봐 혹은 상대가 기분 나빠할까 봐, 말해도 소용이 없을까 봐 등 여러 이유에서다. 심지어 억지로 웃으며 넘어가기까지 한다. 그러나 당신은 화낼 줄 알아야 한다. 하나하나 짚고 넘어가 보자.

먼저, 전체 분위기가 안 좋아지거나 상대의 기분이 상할까 걱정하지 마라. 왜냐하면 이미 그 상대는 당신의 기분을 나쁘게 만들었기 때문이다. 부당하다고 표현하자. 남에게 한 만큼 돌려받는 게 세상의 이치다.

할 수 있을 때 하지 않으면 하고 싶을 때 하지 못한다

'말해도 소용이 없을까 봐…' 하는 걱정도 잠시 접어두라. 생각보다 말의 위력은 크다. 인간은 누구나 불편한 느낌을 싫어한다. 당신이 불편한 기색을 드러내면 상대는 당신을 껄끄럽게 느끼게 될 것이다. 그러면 자연스럽게 존중받게 된다.

화난다고 말하는 게 어렵다면, 꼭 화를 말로 표현할 필요는 없다. 눈빛이나 표정만으로도 화를 낼 수 있다. 차가운 시선을 보내거나 정색을 하는 것이다.

어떤 때는 조용히 화내는 게 더 무섭기도 하다. 사자와 호랑이 같은 맹수는 조용하다. 눈빛만으로도 오금을 저리게 한다. 말하기 어렵다면 맹수처럼 눈빛으로 제압하는 행동을 하는 것도 충분히 효과적이다.

자신을 스스로 지켜야 한다

화낼 만한 상황에서는 화를 참지 마라. 말로든 표정으로든 어떤 방식을 사용하든 당신의 감정을 표출하라. 착한 당신에게도 그런 면이 있다는 것을 보여줘야 한다. 모두가 서로를 배려하고 친절하게 대해 주면 정말 좋겠지만 현실은 그렇지 않기 때문이다. 자신을 지키는 힘은 반드시 길러두어야 한다.

할 수 있을 때 하지 않으면 하고 싶을 때 하지 못한다

최고의 승리는 잘사는 것이다

미국의 심리학자 에이브러햄 매슬로에 따르면 인간에게
는 중요한 5가지 욕구가 있다. 생리적 욕구, 안전의 욕구,
애정과 소속의 욕구, 존중의 욕구, 자아실현의 욕구다. 기술
된 순서대로, 하나의 욕구가 충족되면 다음 욕구를 바라는
구조로 되어 있다고 한다.

이 중 우리가 살펴볼 것은 '인정 욕구'다. 인정 욕구는 누
군가에게 존중이나 존경받고 싶은 욕구다. 비교와 경쟁이

심화된 한국 사회에서 가장 중요한 욕구는 인정 욕구라고 해도 과언이 아니다.

그런데 인간의 5대 욕구에 들어갈 만큼 중요한 인정 욕구를 일부러 짓밟는 못된 사람들이 있다. 누군가가 아무리 잘하더라도 인정해 주지 않고 깎아내리고 무시한다. 그들은 상대방의 이야기에 호응하지 않거나 몸을 다른 쪽으로 돌려버리는 등 직간접적으로 무시하는 태도를 보인다.

도대체 왜 그럴까? 이유가 없을 거 같지만 그들만의 이유가 있다. 지금부터 당신을 무시하는 사람의 심리와 이런 사람들에게 어떻게 대처해야 할지 알려주고자 한다.

그들은 '자존감 도둑'이다

그들이 당신을 무시하는 이유, 즉 당신의 자존감을 깎아내리는 까닭은 아이러니하게도 그들의 자존감이 낮기 때문이다. 자신의 낮은 자존감을 채우기 위해 '무시'라는 방법을 선택한 것이다.

그들은 상대를 한없이 낮추며 무시한다. 격차가 생길 때 상대적으로 자신이 우월하고, 자존감이 올라갔다고 느껴지기 때문이다. 한편 무시당한 상대가 그들의 비위를 맞추기 위해 쩔쩔매며 노력하면 노력할수록 그들의 기쁨은 커진다. 그 노력에서조차 우월감을 느끼는 까닭이다.

이렇게 상대를 깎아내리면서 자신의 기분을 고양시키는 사람들을 바로 '나르시시스트'라고 한다. 상대에게 딱 달라붙어 자존감이라는 에너지를 빨아먹기에 '에너지 뱀파이어'라고도 불린다. 그들은 타인에게 어떠한 자비심도 가지고 있지 않다. 오직 자신만을 위해서 사는 사람들이기 때문이다.

나르시시스트를 구분하는 법

나르시시스트를 구분하는 방법에는 세 가지가 있다. 첫 번째는 그들을 관찰하는 것이다. 나르시시스트의 대표적인 특징은 겉모습에 시간과 비용을 '지나치게' 많이 쓴다는 것이다. 외모 외에도 사람을 끄는 또 다른 매력인 능력이나 독특한 신념에 집착할 수도 있다. 그들은 다양한 수단을 통해 자신을 굉장히 매력적인 모습으로 과하게 치장한다. 그래야만 상대와 오랫동안 관계를 맺을 수 있다고 생각하기 때문이다.

만약 보여지는 것에 지나치게 몰두하는 사람이 있다면 한 번쯤은 나르시시스트임을 의심해 봐도 좋다.

두 번째는 나르시시스트로 예측되는 상대에게 직접 힘들다고 호소해 본 뒤에 반응을 살펴보는 것이다. 나르시시스트들이라고 의심되는 상대에게 그가 하는 말이나 행동이 당신을 무시하는 것처럼 느껴져서 힘들다고 호소해 보라. 만일 그들이 깜짝 놀라거나 미안해하면서 다르게 행동하려고 노력한다면 그들은 나르시시스트가 아닐 확률이 높다.

반면 나르시시스트라면 당신이 무엇을 호소하든, 어떤 상황에 있든 상관없이 계속 당신을 무시하려고 들 것이다. 그들에게 당신은 오직 자신의 자존감을 채워 줄 도구일 뿐 그 이상도 그 이하도 아니기 때문이다. 누군가를 무시하면서

할 수 있을 때 하지 않으면 하고 싶을 때 하지 못한다

얻은 나르시스트의 자존감은 오래가지 못한다. 그래서 그들은 당장 자신의 자존감을 채워 넣기에 급급하다. 당신의 감정따위에 신경 쓸 여력은 없다.

마지막 방법은 장난삼아 그들을 한번 무시해 보는 것이다. 나르시시스트들은 타인을 깔보고 무시하지만 정작 장난으로라도 본인이 무시당하면 불같이 화를 낸다. 그들이 가장 두려워하는 것이 바로 무시당하는 것이기 때문이다. 안 그래도 낮은 자존감을 가진 그들에게 무시라는 행위는 활활 타는 불에 기름을 끼얹는 것과 같다. 그들은 결코 당신의 무시를 참지 못할 것이다.

잘 사는 게 최고의 복수다

상대가 나르시시스트라는 확신이 들었다면 독하게 마음을 먹어야 한다. 당신이 어떻게 행동하든 그는 당신을 무시하길 멈추지 않으려고 할 것이기 때문이다.

그들과 상대하는 유일한 방법은, 천천히 멀어지는 것뿐이다. 조금씩 만남을 줄여나가라. 그들은 당신이 변했다는 것을 뒤늦게 알아차릴 것이다. 하지만 절대로 초조한 티를 내지 않을 것이다. 초조한 행동에서는 우월감을 느낄 수 없기 때문이다.

그렇게 거리를 둔 뒤, 당신이 그들보다 더 성장하고 잘 살아가면 된다. 아주 간단하다. 그들에게 있어 당신이 잘되는 것만큼 괴로운 일은 없다. 더 이상 당신의 자존감을 훔칠 수 없는 그들은, 자신의 허울뿐인 자존감을 마주하게 될 것이고 그로 인해 매일 밤 괴로워할 것이다.

그들과는 다른 길을 가라

일반적으로 사람들은 결핍을 느끼면 두 가지 행동 패턴을 보인다. '더 열심히 노력하거나' 혹은 '남 탓만 하면서 아무 것도 하지 않거나'. 나르시시스트들은 완벽한 후자다. 그들은 열심히 노력하지 않고 타인을 통해서만 자신의 자존감을

할 수 있을 때 하지 않으면 하고 싶을 때 하지 못한다

채우려고 든다. 그래서 그들은 결코 스스로 성장할 수 없다. 나르시시스트들은 평생 타인에게 기생하며 살지도 모른다.

그러나 당신은 다르다. 타인의 자존감을 억지로 빼앗지 않아도 잘 살 수 있을 만큼 강하다. 그저 자신의 길을 굳건히 걸어가면 된다. 혹여나 성공하지 못해도 상관없다. 잘 지내면 된다. 재미있게 당신의 삶을 살아가길 바란다. 그들에게 더 이상 시간과 마음을 뺏기지 말았으면 좋겠다.

선한 사람들이 행복해야 이 세상은 더욱 아름다워질 것이다. 타인의 마음을 이용해서는 아무것도 얻지 못한다는 사실을 나르시시스트들에게 알려줘야 한다. 그들이 없어도 당신이 행복한 삶을 살고 잘 사는 것이 진정한 복수의 완성이다.

중요한 것은 꺾이지 않는 마음

포기는 쉽다. 무언가를 지속하는 일은 어렵다. 그래서 우리는 너무 쉽게 포기를 결정한다. 심지어 포기할 이유를 어떻게든 만들어낸다. 포기를 '용기'라고 말하면서.

그러나 속지 말아야 한다. 용기라는 가치는 고통과 고난 속에서만 피어난다. 포기에는 고난이 필요하지 않기에 용기와 포기는 연관이 없다.

처음에 우리가 무언가를 결심하기까지는 수많은 생각과

용기가 필요했을 테다. 그 첫 마음을 떠올리며 절대로 포기하지 말아야 한다. 핑계를 만들고 도망가는 쉬운 길을 선택하지 말자. 여기, 나약한 마음이 고개를 들 때도 뚝심을 갖고 앞으로 나아가게 하는 두 가지 방법이 있다.

목표에 자신만의 의미를 부여할 것

우리가 중도에 포기하는 이유는 허탈하기 때문이다. 목표를 향해 달리다 보면, 어느 순간 '이걸 왜 해야 하지?' 하는 의문이 들 때가 있다.

이때 그 답을 내리지 못하면 우리는 포기할 준비를 한다. 그러다 얼마 안 가 정말로 포기해 버린다. 목표를 위해 하던 행동들이 전부 무의미하게 느껴지기 때문이다.

오스트리아의 정신과 의사 빅터 프랭클은 사람이 삶의 의미를 상실하면 '실존적 공허' 상태에 빠진다고 봤다. 실존적 공허란 삶의 목적과 의미를 잃어버리면서 겪는 권태감, 공허함, 무가치감 등을 말한다.

마찬가지로 사람은 하나의 목표를 향해 달리다가 그 의미를 알지 못한다고 느낄 때 공허감에 빠진다. 이 공허감은 포기를 부르고, 포기는 권태를 가져온다. 그리고 다시 권태는 공허감의 몸집을 불리며 악순환을 부른다.

그렇기에 '왜 해야 하는가?'라는 질문은 중요하다. 우리는 꾸준히 자신에게 묻고, 그 답을 스스로 내릴 수 있어야 한다.

스스로 의미를 찾은 후에 그곳을 향해 한발짝씩 나아갈 때만이 우리는 포기라는 늪에 빠지지 않을 수 있다. 끝까지 목표를 향해 달릴 수 있는 원동력을 얻게 되는 것이다. 그렇게 당신은 도전할 의미를 찾음으로써, 포기할 이유는 찾지 못해야 한다.

언젠가 이루어진다고 반드시 믿을 것

많은 사람들이 자기 자신에게 말한다.

'나는 여기까지야.'

'저 목표는 절대 이룰 수 없어.'

'더 이상은 힘들어, 난 못 해.'

그런데 그 한계를 정한 사람은 누구일까? 바로 자기 자신이다. 누구도 그들의 한계를 단정짓지 않았다. 즉, 그들을 힘들게 하는 건 그들 자신의 역량이나 에너지가 아니라, 이룰 수 없다고 생각하는 그 잘못된 '믿음'이라는 것이다.

농구 감독 시절, 기적 같은 성적을 기록하고 수많은 전술을 만들어 웨스트우드의 마법사라고 불린 존 우드는 다음과 같이 말했다고 한다.

"더 빠르고 강한 자가 삶의 전투에서 이기는 것이 아니다. 이길 수 있다고 생각하는 자가 승리를 거머쥐는 것이다."

결국, 역량이 실제로 뛰어난 것보다 자기 자신의 역량이 뛰어날 것이라고 믿는 사람이 목표를 이룬다는 것이다.

존 우드뿐만 아니라 스티브 잡스, 마크 주커버스, 빌 게이츠 등 엄청나게 성공한 사람들은 자신의 한계를 긋지 않았다. 그들은 자기 자신을 믿고 최선을 다해 노력하여 세계적인 자리에 올랐다.

누구나 마찬가지다. 한계를 생각하면 그것이 자신의 최대치가 되지만, 한계를 정하지 않고 자신이 이룰 수 있다고 믿으면 노력하는 만큼 목표를 이뤄낼 수 있다. 한 사람의 인생은 그 사람의 생각대로 만들어지기 때문이다.

그렇기에 무언가를 포기하지 않는 두 번째 방법은 스스로에 대한 신뢰를 갖는 것이다. '정말 이게 될까?'라는 의심과 불안감이 와도 포기하지 않고 나아간다면, 성공이라는 과실을 얻게 된다. 그렇게 어려움을 뚫고 얻어낸 성과는 빛이 난다.

게다가 당신은 존재 자체로 자신을 신뢰해도 좋다. 당신은 무한한 가능성을 지닌 별의 자식이기 때문이다. 수억 년동안 축적된 지혜들이 당신을 이루는 DNA에 잠재되어 있다. 당신은 엄청난 확률을 뚫고 이 세상에 태어났고, 존재하고 있다. 운명이 만들어낸 기적 같은 존재이기에 용기를 가져도 좋다.

할 수 있을 때 하지 않으면 하고 싶을 때 하지 못한다

진정 원하는 꿈이 있다면 그 꿈의 의미를 꾸준히 정의해 보자. 그리고 스스로에 대한 믿음을 갖고 끈질기게 매달려 보도록 하자. 포기하지 않고 가다 보면 어느새 그 꿈이 당신 자신이 되어 있을 것이다.

할 수 있을 때 하지 않으면
하고 싶을 때 하지 못한다

초판 1쇄 발행 2023년 02월 27일
초판 2쇄 발행 2023년 08월 02일

지은이 글토닥(이기광)
펴낸이 이부연
책임편집 박서영
마케팅 백운호
디자인 김윤남, 김숙희

펴낸곳 (주)스몰빅미디어
출판등록 제300-2015-157호(2015년 10월 19일)
주소 서울시 종로구 내수동 새문안로3길 30, 세종로대우빌딩 916호
전화번호 02-722-2260
인쇄·제본 갑우문화사
용지 신광지류유통

ISBN 979-11-91731-43-9 (03190)